JN158301

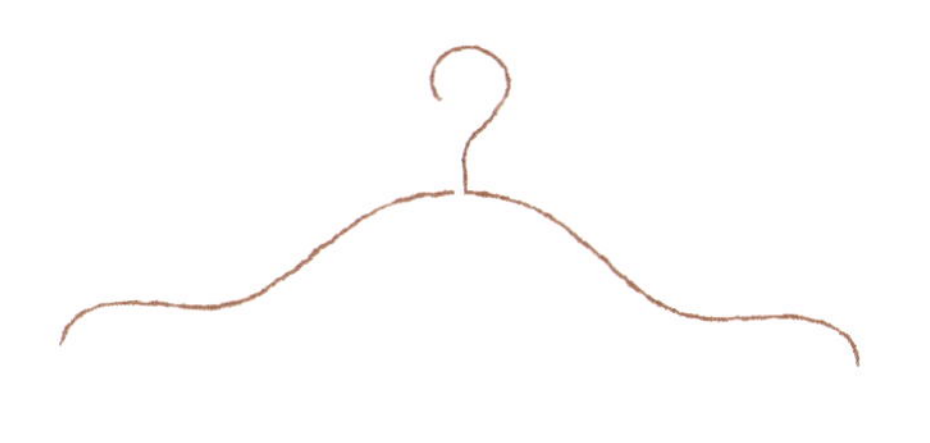

女は服装が9割

なぜか大切にされる人のルール

吉村ひかる

毎日新聞出版

女は服装が9割

なぜか大切にされる人のルール

はじめに

あなたの周りに、とびぬけて美人でもなく、特にスタイルがいいわけでもないのに、どこか品があって、その人の前に出るとドキドキするような素敵な人はいませんか。

おそらく、そういう女性は、なぜか周りの人から一目置かれ、自分の思いを素直に発信し、次々とやりたいことを実現しているはずです。

その一方で、深く知るととても優しくて魅力的だけど、何となく後回しにされたり、ここぞという時にチャンスを逃してしまったりする人も、あなたの周りにいるはずです。


その違いはいったい何なのでしょうか？


私はかつて三越に在職していた時に、ショップの店長を任されていた時期があります。たくさんのスタッフは皆、優秀です。高度な接客スキルを身に着けているのはもちろん、勉強熱心で、商品だけでなく、世の中の情報も積極的に吸収していました。

でも、そんな粒揃いのスタッフであっても、仕事仲間やお客様から大切にされて、生き生きと仕事している人がいる一方で、努力家で仕事も一生懸命なのに周囲から誤解されることが多く、苦労続きの人生を歩んでいく人もいました。

これは単なる個人差ではなく、きっと何か法則があるに違いない……。

そう思って注意深く観察していると、不思議なことに、ショップにいらっしゃるお客様にもまったく同じ傾向があることが見えてきました。

たくさん買い物するわけでもないのに、なぜか上顧客として大切にされるお客様。トータルでは高額な買い物をしているのに、普通の対応しかされないお客様。

面白いと思いませんか？

お店に足を踏み入れるという行為自体は一緒だったはずなのに、同じ金額を使っても、お店からの対応が違うなんて。

周りから大切にされる人、そうでない人。じつはその分かれ道は「見た目」にあると言ったら、あなたは驚くでしょうか？　そして、その「見た目」の9割は顔以外を包む

「服装」で決まってしまう……。

でも、それが三越の店頭、そして、国際イメージコンサルタントとして約10万人のお客様に接して見えてきた事実です。

残念ながら、「見た目」は無言であなたという人を周囲に伝えてしまうのです。

魅力、実力はあるはずなのに正当に評価されていないと感じるなら、今一度、自分の「見た目」を客観的に見てみましょう。自分で判断するのが難しいなら、親しい人の目にどう映るかたずねてみてもよいでしょう。

私のお客様に、ナレーターのアルバイトを2年間続けてきた女性がいました。その間ずっとアナウンサー試験を受けていたそうです。結果は毎回不合格。もう一度だけ挑戦したいと、わらにもすがる思いで私のところへいらっしゃいました。

話をしてみると、頭の回転が速く、声も滑舌もきれいで、はつらつとした雰囲気はアナウンサーにぴったりの印象です。

ところがその「見た目」に何か引っかかりを感じました。

いいえ、正確に言うなら、引っかからないのです。

というのも、話をした印象とはうらはらに、彼女は何とも見過ごされてしまいそうな、失礼ながら、アナウンサーとしては地味な雰囲気だったのです。

その時の服は、暗めの色で無難にまとめたスーツ。そう、いわゆるリクルートスタイルで、私の第一声は「もったいない！」でした。

案の定というか、履歴書に添付した写真も同じ地味なスタイル。思わずため息が漏れました。

そして、彼女を合格に導くべく、コンサルティングがスタートしました。

どんなアナウンサーになりたいのか。

自分が提供できるものは何なのか。

彼女は徹底的に自分と向き合い、快活さ、聡明さを「見える化」し、スタイルを変えました。

彼女の魅力を引き立たせるアイボリーのスーツにオレンジのインナー、少し短めのヘアスタイルにカットして快活さと個性を際立たせた写真を添付して書類選考に挑みます。

すると、何と、これまでどうしても通らなかった第一関門を突破。

そして、意を決して面接試験に臨みました。


結果は合格！

しかも皆さんがご存知の有名な放送局です。

報告を受けた時、私は跳び上がらんばかりに興奮しました。電車の中で報告のメールを読んで、人目もはばからずガッツポーズをとったのを覚えています。

その後、彼女は人に与える印象の大切さを意識して仕事に活かし続けたそうです。その結果、現在では希望のセクションへ昇格し、時々、「いま、こんな仕事をしているんですよ」と、楽しそうなメールを送ってくれます。


そう、幸せへの分かれ道は、あなたの人柄と魅力が「外見に『見える化』されているかいないか」なのです。

そしてそれを一番わかりやすく伝えるのが、「服装」です。

でも、やみくもに外見ばかりを変えようとしても、残念ながらうまくいきません。

まずは、しっかり自分と向き合って、「なりたい自分」になるための自己分析が必要です。

私は、自分が目指すスタイルを確立できた人ほど、「見た目」を上手に使っていると感じています。そして、結果として周りに好印象を与え、大切にされている……。

本書では、その、「大切にされるための見た目」を磨く方法をお届けします。

そして「見た目」とともに大切な、立ち居ふるまいやコミュニケーションについても、たくさんの例を交えてご紹介します。

ファッションからパフォーマンスまで多角的な視点で活かしていただき、皆様が本来の輝きを放ち、大切にされ、幸せをつかむことを祈っております。

吉村ひかる

女は服装が9割　なぜか大切にされる人のルール　目次

はじめに　3

第1章　中身を磨く前にその「見た目」を変えなさい!

服はチョコレートの包装紙　14
第一印象は2秒。写真は0・5秒　18
見た目の9割は服で決まる理由　25
「目指す自分」の姿をあぶりだす5つの質問　30
ポジティブに「印象管理」をする　34
トータルコーディネートのポイントは「カラー」と「バランス」　38
販売員が「うちの店に入って!」と願う人　44
ふるまいで第一印象はさらに変わる　49
コラム　あの有名人の印象管理　54

第2章 「大切にされる人」の服の選び方

自分のテーマカラーとは 58
あなたの「DNA」に合った色を知る 61
主役の色と脇役の色 70
印象をガラッと変えたいなら、トップスの色・形を変える 76
少しずつ変身したいならインナーから 82
若く見える人と若作りな人 85
コラム 男性上司の服とのバランスを考える 90

第3章 「大切にされる人」の服の買い方

クラス感は素材と質感に表れる 94
「投資」の発想で服を選ぶ 100
仕事服は自分の「好き」より他人の「好感度」 105
今すぐに「オーダー」ができますか? 108

上質な小物で格を上げる　114
ファストファッションは使い方次第　120
コラム　謝罪会見でファンを増やす人、減らす人　123

第4章 「大切にされる人」は服に愛情を注ぐ

あなたが服に注ぐように他人はあなたに関心と愛を注ぐ　126
服の寿命は最低5年　131
クローゼットは3年かけて育てる　135
1アイテムに10個の組み合わせが浮かびますか？　142
衝動買いがなくなる魔法の質問　150
「さよなら」のきざしは鏡の中のくたびれ感　155
手放す前に「メンテナンス」を入れる　160
悩まずに「さよなら」する方法　164
コラム　リスクマネジメントはロッカーで　166

第5章 ふるまいは、あなたそのもの

あなたの立ち位置があなたの存在を決めている 170
トレーに出したお金やカード。それはあなた自身 174
3m先、15m先から見えるもの 178
試着後の服の戻し方に品格が表れる 182
表情は「見た目」の仕上げ 186
コラム プロフィール写真に投資をしなさい 190

おわりに 194

装丁・本文デザイン／遠藤陽一（DESIGN WORKSHOP JIN）
本文DTP／明昌堂
イラスト／舘野啓子
校正／東京出版サービスセンター
編集協力／伊集院尚子（株式会社 STAR CREATIONS）

第1章

中身を磨く前に
その「見た目」を変えなさい！

服はチョコレートの包装紙

あなたの好きなチョコレートは何ですか？

スーパーに並ぶ、つい手を伸ばしたくなる日常使いのチョコレート。

一方、ゴディバやピエール・マルコリーニのように、憧れているけれど高くて頻繁には買えないチョコレート……。

たくさんの種類やブランドがあるので迷ってしまいますね。


では、なぜそのチョコレートが好きなのでしょうか。

味はもちろん、香り、食感……。お気に入りの理由はいくつも挙げられそうですね。

でも、パッケージもその理由のひとつではないでしょうか。


例えば、味も価格も大きさもまったく同じチョコレートが2つあるとします。

ひとつは、箱の角が少し潰れていて包装紙も端が破けています。もうひとつは、色とりどりの目にも楽しい包装紙できれいにパッケージされています。

好きなほうを選んで食べていいよと言われたら、あなたはどちらを選びますか？

ほとんどの方が後者を選ぶでしょう。

なぜでしょうか。

理由は、後者のほうが美味しそうに感じるから、ワクワク感を感じるから、高価に感じるから、美しく感じるから、です。

包装紙が破けているほうは、もしかしたら手に取ることもないかもしれません。美味しいチョコレートなのにもったいないですね。

もうおわかりですね。

そう、包装紙はチョコレートの一部なのです。

チョコレートの一番外側にある包装紙まで、全部ひっくるめて「チョコレート」なのです。包装紙は、中身がどんなに高価で美味しくて素敵なチョコレートなのかを無言で私たちに教えてくれています。

私たちが日常何気なく着用している服も、じつはチョコレートを包む包装紙と同じ役割を果たしています。

「見た目」の印象で中身への評価が変わる

チョコレートの包装紙で印象や評価が変わるように、あなたを包んでいる包装紙、つまり服があなたの印象を周りに伝えます。

ポジションや仕事の分野やシチュエーションにふさわしくない服を着ていたら、あなたはどう評価されるでしょうか。

服についたシミがそのままになっていたり、毛玉が付いたままになっていたりしたら、人はあなたのことをどう思うでしょうか。

逆にそんなに高くない服だけれども、パリッとアイロンがかかっていたり、きれいに洗濯されたものをさっそうと着ていたりしたら、あなたの印象はどうなるでしょうか。

どちらもあなたという中身は同じです。ですが、「見た目」の印象で、あなたという人の中身への評価が変わってしまうのです。

「はじめに」で紹介したアナウンサー志望の女性も、合格する前と後では、当然中身は一緒です。もちろん、コンサルティング後、「なりたい自分」をはっきりさせましたから、表情や立ち居ふるまいなどには変化があったかもしれませんが、顔の作りやスタイルはそうそう変えられるものではありません。

思い出してください。彼女の個性がいまひとつ発揮されていない最初の履歴書の写真では、書類選考すら通過しませんでした。

ですが、彼女の持つ聡明さ、はつらつとした雰囲気を引き立たせる服を身に着けた写真を添付したとたん、選考者の目に留まったのです。そして面接で彼女の実力を評価してもらうことができ、合格し、夢を実現させたのです。

あなたは、「自分を包む包装紙」として、あなたらしい服を選んで着ていますか。

本当は十分魅力的なのに、服という包装紙で、自分の印象を悪くしてしまっていませんか。

第一印象は2秒。写真は0・5秒

皆さんの普段の生活の中で、初めての人に会う頻度はどれくらいでしょうか。

前もって予定されていた場合もあれば、「ちょうど良かった、ついでに紹介するよ」と言われて、不意打ちで顔を合わせることもあります。出先で出会って意気投合ということもあるでしょう。

どれもこれもシーンは違えど、すべてのケースでお互いに「第一印象」が発生します。

営業職など、常に新しい人と会うことが仕事の一部である職種の人にとっては当たり前の話かもしれません。でも、そうでない職種、例えば自分は事務職だから関係ないと思っている人、いませんか?

新しい人と会う機会が比較的少ない人でも、家から一歩出れば、常に第一印象を周りの人に与えることになります。スーパーで、駅で、乗り物の中で、です。

「四六時中気が抜けないなんて……」と言わずに、この第一印象を味方につけてしまいましょう。

第一印象の仕組みさえ理解すれば、その方法はとても簡単です。

ご存知のように、人間は目、耳、鼻、肌、舌の５つの部位で情報を感知します。これを五感と言います。人間の五感による情報入手の割合は、出所によって多少差はありますが、おおむね次の通りです。※

視覚83％
聴覚11％
嗅覚３・５％
触覚１・５％
味覚１％

この数字からもわかるように、第一印象の大部分は視覚で決まります。出会った人の

※『産業教育機器システム便覧』教育機器編集委員会／日科技連出版社

外見がパッと目に入った瞬間、人は様々な情報をキャッチして、自分なりの判断を下します。

「優しそうな人」「楽しそうな人」「きつそうな人」「疲れてそうな人」「意地悪そうな人」「仕事できそうな人」「幸せそうな人」……。

この第一印象は、なんと2秒で決まってしまうという事実をご存知でしょうか。※

「2秒」は一瞬です。

2秒では、目の前の人がどんな経歴か、どんな肩書なのか、そして、どんな考えを持っているのかはまったくわかりません。

そこから感じ取れるのは、あくまでも、あなたの目に映った相手そのものなのです。

最初の印象を後からひっくり返すのは難しい

そして、第一印象には、もれなく「初頭効果」というありがたくもあり、恐ろしくもある効果が付いてきます。少しなじみのない言葉ですが、要は、「最初の効果が持続する」という意味です。

※出典によって、第一印象の秒数は多少の違いがあるが、本書でお伝えする「2秒」は、パフォーマンス学の第一人者である佐藤綾子氏がデータ結果から導いて発表したもの。

ということは、最初の印象が良ければ、ずっと良い印象が持続する、ということです。でも、逆に言うと、最初の印象が悪いと、ずっと悪い印象が持続してしまうということでもあります。

怖いですよね。でも、嬉しいことに最初の悪い印象を変えるには、ひとつだけ方法があります。

それは、次に会う時から、いい印象を保って8回会うということ。※

でも、どうでしょうか。先生と生徒や、上司と部下などと、毎日顔を合わせる間柄ならまだしも、8回も同じ人と会うなんて、普通はなかなか難しいことでしょう。

それならば、最初に好印象を持ってもらいましょう。最初から相手に好印象を持ってもらえたら、その後のコミュニケーションがスムーズになり、あなたという人を理解してもらいやすくなります。

相手にあなたの良い印象が少しずつ積み重なり、結果として相手にとって「むげにできない存在」「大切に扱いたい人」になってゆくのです。

※2回目以降、ポジティブな状態で8回会うと最初のネガティブな印象が逆転するというデータがある。(『お客様の心をつかむ真実の瞬間』マイケル・ルボーフ著、弓場隆訳、ダイヤモンド社)

服の色と表情を変えたら人間関係が変わった！

私のお客様で、転職したけれど、周りにどうしてもなじめないという方がいました。同僚たちから声を掛けられない、気づくと輪の外にいるというのです。寂しいですよね。でも、親しくなった人とは、ずっと良い関係でいられる、とも話されるのです。私と会話をした限りでは、じつに穏やかで聡明な女性です。

もしかしたら、この方の良さを理解してもらうのには時間がかかるのかもしれない。そう感じました。そうであれば、最初から彼女の良さが伝われば、人間関係のストレスに悩まなくてすむのです。これは、第一印象が彼女の良さを伝えていないに違いない。私はそう判断しました。

そこで、コンサルティングのスタートです。

黒が好きな彼女でしたが、黒い服をしばらくやめて、意識して明るい色を着てもらいました。さらに、にこやかな表情を意識するようにアドバイスしたのです。

するとどうでしょう。たったこれだけのことなのに、コミュニケーションに苦労しなくなったと言うのです。

もしかしたら、黒い服を着ることで、とっつきにくい冷たい印象をかもし出していたのかもしれません。

その後、彼女は職場でグループリーダーを任されるようになりました。今では自分に自信が持てるようになり、周囲の方にも理解され、大切にされ、自分の思うように人生を生きています。

生身の人間です。その変化はきっと伝わりやすかったのでしょうね。


では、写真の場合はどうなるのでしょうか。

知り合いのカメラマンは「写真だったら0・5秒だよ」ときっぱり。

動きがない分、わずかな時間で判断されるそうです。

考えてみれば、確かに写真を見る時は一瞬で判断しますよね。写真をずーっと眺めていたら、相手に対する最初の印象と考えが変わったなんて話は、まず聞きません。


たった2秒ですから、相手にいい印象を与えるために、前もって万全な準備をしましよう。

確かに面倒かもしれませんが、その後がうまくいくとわかっているのですから、ここはしっかり時間をかけて準備してください。特に対面の場合は３６０度、全方位から見られることを意識してください。

名刺交換する機会が多い人は、名刺交換が最初の印象ではないことにも注意が必要です。お会いした瞬間に、すでに第一印象が決まっている、と覚えておいてください。

見た目の9割は服で決まる理由

こんな会話を聞いたことはありませんか？

「あの、ほら、向こうにいるいつも赤い服を着ている人、誰だっけ？」

「昨日のセミナーに、ちょっと派手な服を着ていた人がいたの覚えてる？」

皆さん、記憶の中の人の印象が「服」であることが多いのです。特に名前がわからない人のことを伝える手段として、着ている服が会話に登場することはよくあります。

「〇〇さん、いつもと違った雰囲気でしたね。やっぱりスーツ姿はいいですね」

「今日はカジュアルなんですね。デニム、すごく似合ってます」

こんな会話も、日常、よく耳にすることがあるでしょう。

人の記憶に残る大きな要素のひとつとして、服はこんなにも大きな割合を占めているのです。もちろん見た目の印象のうちに、立ち居ふるまいやポーズなどの行動も入りますが、服はあなた自身と一緒に動いていますので、さらに影響が大きいのです。

映画やドラマでも同じです。

私は仕事柄、どうしてもドラマのストーリーより、登場する俳優たちがどんな服を着てその役柄を表現しようとしているのかが気になってしまいます。

特に主人公は、そのキャラクター設定を細かく分析した結果として「選ばれた服を着せられている」ので参考になります。

素直な性格、意地っ張り、意地悪、人見知りなどの設定の人がどんな服で性格やバックグラウンドを表現しているかを逆手に取り、自分がその服を身に着ければ、「なりたいイメージ」に近づけるからです。

印象を変える3つのステップ

自分の印象を変えたかったら、服を「手段」として変えることには大きな効果があります。何といっても、服は自分の包装紙として外見の9割を占めていますから。

方法は次の3ステップです。

① どうなりたいのか。目指す姿（ゴール）を決める
② 目指す姿に近づくような服を身に着ける
③ ふるまいを変える

私が提供するイメージコンサルティングのメニューのひとつに、パーソナルショッピング（買い物同行）があります。お客様に同行して、お客様が望むイメージの服やアクセサリー、バッグ、靴などを購入するお手伝いです。

「買い物同行」と聞くと、ショップを一緒に巡って商品選びのアドバイスを受けながらショッピングをするイメージが浮かぶかもしれません。それも間違いではありませんが、このサービスの一番のポイントは、お買い物前に、お客様がどういう姿をイメージしているのか、どんな風になりたいか、また、どんな第一印象を相手に与えたいと考えているかを丁寧にヒアリングするところにあります。そこにはお客様の数だけ欲しいイメージがありますが、意外にそれがクリアになっていないことも多いので、まずは徹底したヒアリングが必要になるのです。

同じ場面でも目的によってベストの服は変わるもの

例えば、ある女性のお客様が友人の結婚式に着る服を探されていました。ここで大切なのは、「目的」です。参列するだけなのか、受付を担当するのか、エキシビションとして友人らと歌を歌うことを頼まれているのか、スピーチするのかでは選ぶ視点が違ってきます。

また、新郎新婦がどういう方なのか、招待客がどんな方たちなのか、会場がどんな場所なのか、披露宴が開かれるのが昼なのか夜なのかでも、まったく選ぶものが違ってきます。

それらの条件を吟味した上での提案が大切です。このお客様の場合、新婦側の受付を担当するとのことでしたので、遠目にも彼女の優しさが伝わりやすいよう肌をきれいに見せるレモンイエローで、品の良さと上質さを感じさせるシフォン素材のエレガントなワンピースを提案しました。「華やかできちんと感も兼ね備えたイメージ」が会にマッチしたようで周囲から褒められたそうです。

華やかなケースだけの話ではありません。就職活動や転職の面接で何を着たらいいのか、という悩みを解決する場合も同じです。

きちんとして見えそうなネイビーのスーツが、いつもベストなわけではありません。希望の就職先がどんな業界なのか、担当したい職種が何なのか、どんな雰囲気を持った会社、または学校なのか。それによっては、ネイビーのスーツが保守的でおとなしく見えてしまい、逆効果ということもあります。

なりたい自分になるのを助けてくれるのは「見た目」です。

でもその前に、「なりたいイメージ」「目指す自分の姿」を明確にしてください。

まずは、自分をどんなイメージで表現したいのか、周囲からどんな印象を持ってもらいたいのかを徹底的に考えてみてください。

頭の中だけで考えるのもいいですが、30〜31頁を参考に、ぜひ紙に書き出してみてください。ひょっとすると、自分でもびっくりするような「未来のあなた」像が出てくるかもしれません。

その「なりたいイメージを」服でどのように表現するかは、次の第2章で詳しくお伝えします。

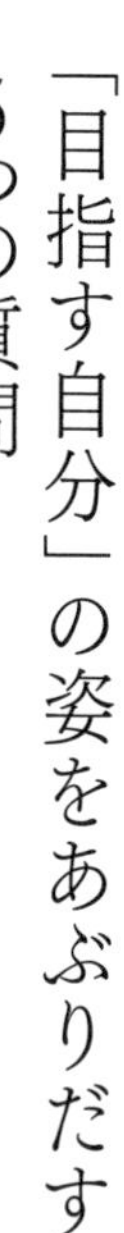

「目指す自分」の姿をあぶりだす5つの質問

ここまで読んだら、自分の理想のイメージをもっとクリアにしてみたいと思いますよね？　安心してください。あなたが「目指す自分」の姿をはっきりさせるための質問をご用意しました。たった5つ。正直に答えてください。直感でかまいません。

Q1　「将来、こんな自分になれたら最高！」と思うのはどんな自分ですか？　どこで、何をしていますか？（仕事でもプライベートでも可）

Q2　その時に周りにいるのはどんな人ですか？　または、どんな方々と一緒にいたいですか？

Q3　その時、周りの人たちはどのようなファッションをしていますか？

Q4　その最高な場面で、あなたはどのようなファッションをしていますか？

Q5　その時、周りにどんな印象を与えたいですか？

仕事でも
プライベートでも
ＯＫ！

Q１「将来、こんな自分になれたら最高！」と思うのは どんな自分ですか？　どこで、何をしていますか？

例：インテリアコーディネーターの仕事を通して、大好きなイタリアと日本の懸け橋になれたら最高！イタリアにデザイン事務所を構えている。

Q２ その時に周りにいるのはどんな人ですか？または、どんな方々と一緒にいたいですか？

例：イタリア好きで感性が高い日本人とイタリア人に囲まれている。

Q３ その時、周りの人たちはどのようなファッションをしていますか？

例：カラフルでクリエイティブなファッション。

できるだけ具体的に
想像してください。
イラストで表現しても
いいですね。

Q４ その最高な場面で、あなたはどのようなファッションをしていますか？

例：カラフルでクリエイティブだけど、少し和の要素も入れたファッション。

Q５ その時、周りにどんな印象を与えたいですか？

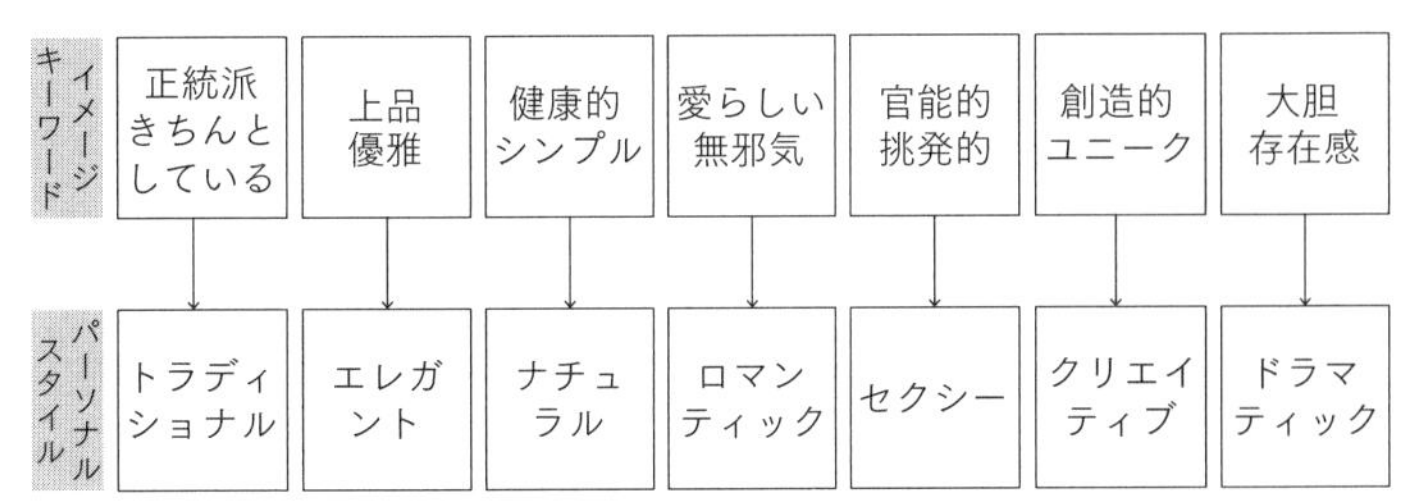

イメージキーワード	正統派 きちんとしている	上品 優雅	健康的 シンプル	愛らしい 無邪気	官能的 挑発的	創造的 ユニーク	大胆 存在感
パーソナルスタイル	トラディショナル	エレガント	ナチュラル	ロマンティック	セクシー	クリエイティブ	ドラマティック

では、Ｑ５で選んだのは33頁のどのスタイルに近いですか？


じつは、これは私がカウンセリングする時におたずねするものです。

皆さん、５つのいずれかのタイプに分類されます。

「いつもの自分と違う！」「私が求めているものってこれ？」

ほとんどのお客様が驚かれます。そして未来像が明確になります。

ぜひ、試してみてください。

イメージしやすいように33頁の表では、それぞれのスタイルのブランドやファッションスタイルの例をまとめています。ここでは特徴がつかみやすいようハイブランドを紹介していますが、あくまでも一例です。

パーソナルスタイル	ブランドの一例	著名人の一例※	ファッションスタイルの一例
トラディショナル	バーバリー マックスマーラ ラルフローレン	松たか子 天海祐希	スーツ アンサンブル テーラードジャケット
エレガント	シャネル アルマーニ ダナキャラン フォクシー	小雪 黒木瞳 キャサリン妃	ノーカラーのジャケット カシュクールのワンピース
ナチュラル	ポロラルフローレン cKカルバンクライン スポーツマックス	蒼井優 宮﨑あおい 三浦りさ子 山口智子	ニット パーカー デニム
ロマンティック	ポール&ジョー ジルスチュアート ケイタマルヤマ ローラアシュレイ	ローラ 森尾由美 松田聖子	ギャザーやフリルのついたスカート 刺繍の入ったブラウス
セクシー	ジャンニ・ベルサーチ	杉本彩 藤原紀香 マリリン・モンロー シャロンストーン	胸元が大きく開いたトップス 身体にフィットしたワンピース
クリエイティブ	サカイ アレキサンダー・マックィーン アンダーカバー	木村カエラ 蜷川実花 レディ・ガガ	リメイクした服 手の込んだデザインの服
ドラマティック	ジャン=ポール・ゴルチエ ヴィヴィアン・ウエストウッド アナスイ	黒木メイサ 深津絵里 大地真央	特徴的でシンプル デザインのトップス 輪郭のはっきりした柄の服

参照：『Style Source』Alyce Persons ／2008
※ここで挙げたブランド名や著名人はあくまでもイメージです。

ポジティブに「印象管理」をする

「印象管理」――。おそらく普段、聞きなれない言葉ですね。

でも、ここまで読んだあなたなら、その意味がわかっているのではないでしょうか。

印象管理とは、文字通り、「印象」を「管理」することを意味します。

以前は、セミナーや講演をする際に、「イメージアップ」や「イメージブランディング」などと横文字を使っていました。それにならえば「印象管理」は「インプレッション・マネジメント」です。

一見、カッコいいのですが、やはり普段の生活になじみのないフレーズです。ある時「印象管理」という漢字4文字を使ったところ、腑に落ちたと言う受講者が多かったので、その後もこの言葉を使っています。

「どう見られるか」よりも「どう見せたい」か

この仕事をしていると、様々な方と「人の印象」についてお話しする機会が多くあります。そんな場を重ねて気づいたことがあります。

それは、「自分が周りからどんな印象を持たれているのかが気になる」「自分が思っているように伝わっているのかが気になる」とおっしゃる方がとても多いということ。

ちょっとドキッとしませんか？

ほとんどの方が感じたことのある感情ではないでしょうか。じつは私もそうでした。

でも、ある時思いました。

「いや、待てよ。それって受け身の感情じゃない？」と。

ネガティブな感情と言い換えてもいいかもしれません。

自分の人生ですから、せっかくなら、「どう見られているか」ではなく、「どう見せたいか」という、主体的でポジティブな感情の方が生きやすくなるのではないかと思ったのです。

そして、このポジティブな感情にスイッチしたことで、私自身、他人からの評価を気にして自分らしくふるまえないというストレスから解放され、自分の人生を主体的に生きている、とリセットされる感覚を覚えました。

それからは、この「印象管理」という言葉を、主体的でポジティブな言葉として使い、

「自分をどう見せたいか」

「それにはどう伝えたらよいか」

を、ことあるごとに皆さんに提唱しています。

自分をどう見せたいか、自分をどう思ってもらいたいか。それを表現するのが、「印象管理」です。

シチュエーション別に伝えたい自分を外見から伝える

では、自分の「印象」をどのように「管理」したらいいのでしょうか。

表現する手段はやはり全身です。「見た目」の9割を占める服とヘアメイク、持ち物、そして立ち居ふるまいを使って、どのシーンもなおざりにすることなく、ありたい自分

の姿を表現していくことです。

例えば、明日、大切なお客様と打ち合わせがあるので、信頼感を伝えるために上質なスーツや持ち物を身に着けよう、とか、明後日は新入社員の集まりに顔を出すので、親しみやすさを伝えるために少し柔らかいデザインの服を身に着けよう、といった具合です。「今回はまあいいか」とか「いつも同じ」ではなく、シチュエーション別に、伝えたい自分の姿を丁寧に「見た目」から伝えていくのです。すると、誤解やコミュニケーションロスから解放されるはずです。

トータルコーディネートのポイントは「カラー」と「バランス」

あなたは出かける前に頭から足先まで、全身を確認してから家を出ていますか?

家を出た後に、出先で鏡に映った自分を見て、「何か変!」と思ったこと、きっとあるはずです。

じつは私も時々そんな失敗をしてしまいます。

朝、思ったより寒いので、慌ててクローゼットを覗き込み、時間がないので「まあ、いいか」と外出したものの、たまたま通りがかった店のウインドーに映った自分を見て、「うわー、ひどいわ。靴とバッグが全然合ってない!」なんてこと、あります。

そして、そういう日は気持ちが上がらず、一日が台無しになってしまいます。

貴重な一日を無駄にしないためにも、ぜひとも朝はしっかり確認してから出かけましょう。

なぜトータルコーディネートが必要なのか

でも、服だけでいいのでしょうか？

いえいえ、違います。服はもちろんですが、ヘアスタイル、メイク、靴、バッグ、アクセサリー、ネイルまで、あなたを覆うすべての確認が必要なのです。チョコレートの包装紙の話を、もう一度思い出してください。

「わかっているけど、なかなかできないわ」と言う人もいるでしょう。

でも、大切にされたいなら、また、グレードアップしたいなら、ぜひここは時間をかけて日々の生活の中に「トータルコーディネート」の意識をきっちりと取り入れていってください。

なぜなら、「トータルコーディネート」ができていると、全身でまとまりのあるメッセージを発信できるので、あなたという人がどういう人なのかをわかりやすく第三者に伝えることができるからです。あなた自身を「言わずして語る」ことができます。すごいと思いませんか？

言葉では何も語らないのに、自分を理解してもらえるなんて！　特に口下手の人には、ぜひとも身に着けてほしい方法です。

カラーは3色まで

トータルコーディネートを成功させるには、大きな2つのポイントがあります。

「カラー」と「バランス」です。

おそらくこの2つを外さなければ、トータルコーディネートは成功と言えるでしょう。

まず「カラー」ですが、「カラー使い」と言ったほうがわかりやすいかもしれません。

全身の色使いは、大体3色くらいが適当と言われています。でも、この3色を等分に使うのではなく、まずは、主軸となる色を決めます。その色が、今日の自分のカラーになります。これは面積も大きく取るので「ベースカラー」とも言われています。


そして、そのベースカラーを引き立てるように、2色目、3色目をもう少し小さな面積で合わせるとカラーバランスがきれいになります。例えば、ジャケットをオフホワイトのベースカラーにしたら、スカートをブラウンに、そしてインナーにイエローを合わせるといった具合です。

一緒に持つバッグや靴、アクセサリーもこれに合わせると、さらにトータル感が出ます。インナーのイエローをアクセサリーにも使ったり、スカートのブラウンを靴にも使ったりと、3色のうち、どこかの色を取るとまとまり感が出せて素敵です。
「わあ、ワンピースとネイルの色を合わせたんですね」とか
「今日は靴とベルトとバッグがお揃いの色なんですね！」
こんな風に、トータルコーディネートを考えた装いは、見る人の目も楽しませてくれます。私もこんな色使いを見るとハッとさせられます。

引き算の発想でバランスをコントロール

そして、もうひとつが「バランス」です。

よく、バランスが悪いなんて言葉を聞きませんか。着ぶくれして見えてしまっている、とか、ひょろっと背高のっぽに見えてしまっている、下半身がどうにも太って見える、などがその一例です。

上半身に視線を集めるようにすると、下半身がすっきり見えてきれいです。

例えば、トップスで少し張りのある生地を着るような時は、ボトムはすっきりと、そ

してバッグはできれば大きくないものが理想です。

背の低い方なら、顔周りなどにスカーフを巻いて視線をそこに移すようにすると、背の低さを気づかせなかったりします。

対して、下半身にボリュームがあるスカートやパンツなどをはく場合は、そのままだと重心が下にあると思われてしまいます。そんな時は、トップスをコンパクトですっきりしたものにすると全体の重さがなくなりきれいに見えます。

鏡を見て、なんとなくバランスが悪いと思った時には、トップスかボトムかどちらかを引き算の発想でコンパクトにしてみてください。


ぜひ、全身を鏡に映して楽しんでみてください。

あなたという人間がセンスアップされると同時に、伝わりやすくなるはずです。

周りの人たちから誤解されることも減り、コミュニケーションもきっと楽になっていくはずです。

バランスコントロールのコツ

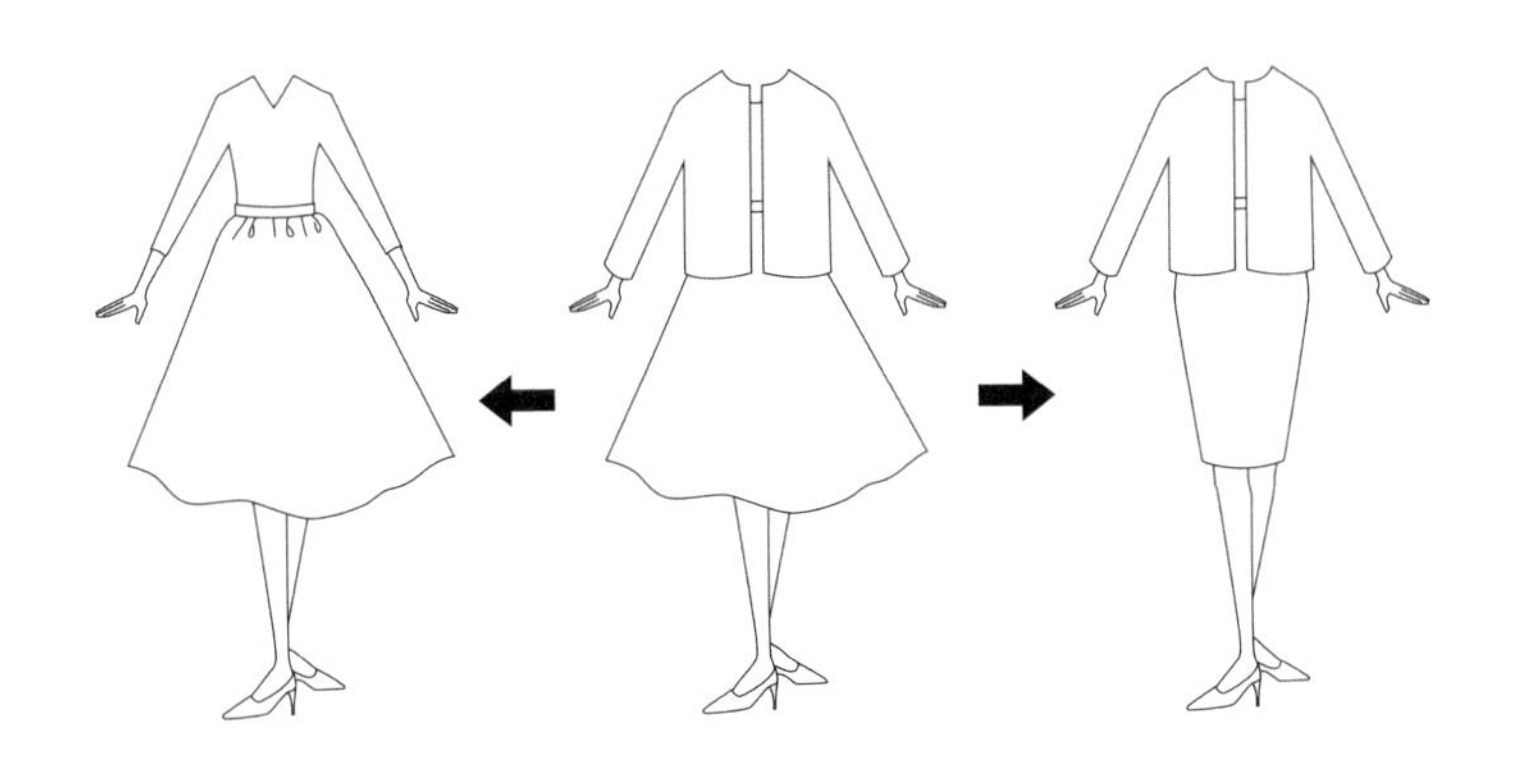

ボリュームがある
スカートやパンツ
の時は、トップス
をコンパクトに。

張りやボリューム
のあるトップスな
ら、ボトムはすっ
きりと。

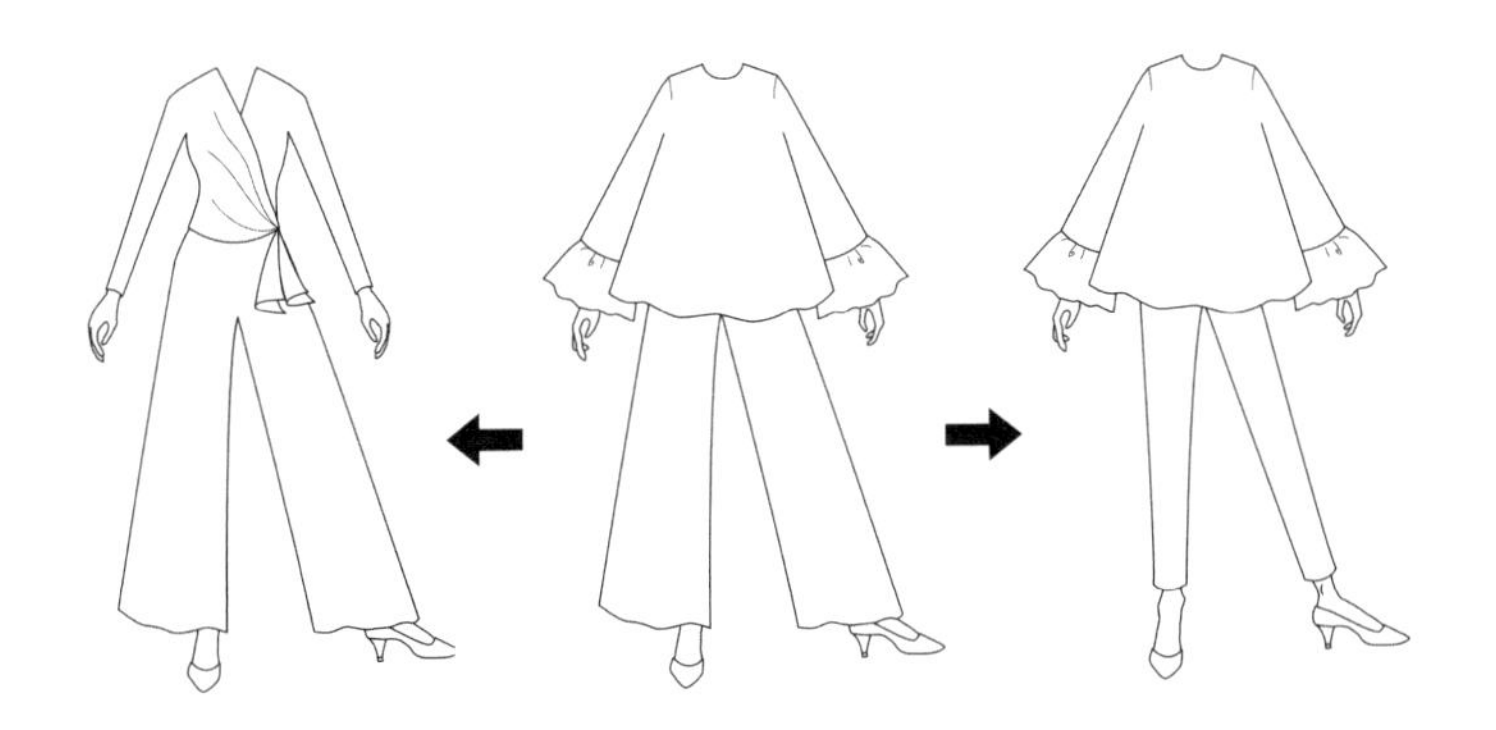

販売員が「うちの店に入って！」と願う人

販売員として店頭に立っていると、お店の外通路をたくさんのお客様が通り過ぎて行かれます。そしてそのうちの数名のお客様が店に入ってくださいます。

業界用語でその数を「入店客数」（お店に入るお客様の人数）と言いますが、販売員は、この入店客数を上げるために常に様々な施策を練っています。

入りやすいように目立つトレンドの服を入り口近くに置いたり、ディスプレーに工夫をこらしたりです。

もちろん一人でも多くのお客様に店内に足を踏み入れてほしいのですが、時折、通り過ぎる大勢のお客様の中で、特に「うちの店に入って！」と強く惹かれる方がいらっしゃいます。

「あの方が私の店に入ってくれないかしら」

「わあ、あんな方が私たちの服を着てくれたら嬉しいなあ」
何がそう思わせるのでしょうか?

スタッフ同士でこんな会話もよくします。

「さっき素敵な女性が歩いていたのよ。こっちに来てくれるといいんだけど」
「あ、あの人よね、私もそう思った!」

そこには、お客様が私たちのブランドのことを知っているとか知らないなどの情報はありません。もちろん買ってくださるかどうかもわかりません。あるのは、「私たちのブランドの服をきれいに着てくれそう」「ブランドイメージに合っていそう」そんな漠然とした思いだけです。
では、店の前を通り過ぎるたくさんのお客様の中でそう感じさせる人は、他の人とどこが違うのでしょうか。

お客様が通路を歩いている時、もちろん販売員とはまだ言葉を交わしていません。販売員が知ることができるのは、外見と雰囲気だけです。ですから、「あの人に自分たちの店に入ってほしい」そう思わせるのは、そうです、やはり「見た目」です。外見からかもし出されている雰囲気です。


以前、某生命保険会社の採用担当者がこんなことを言っていました。

「まず、歩き方を見ます」と。

さっそうと歩く人は、基本的にポジティブ思考の人が多いそうです。逆にトボトボとした歩き方は元気がないように見えます。もちろん、この採用担当者はさっそうと歩く方を採用候補にするそうです。

じつを言うと、私も同じような経験があります。三越を退職して次の仕事を始めるまでの間、ハローワークに通っていた時のことです。

用事を済ませて建物から出てくると、声を掛けられることが何度かあったのです。他にも人は大勢いるから「なぜ私ですか？」とたずねると、「歩く姿を見て」と言われたのを思い出します。内心、私が仕事ができるのか、できないのかわからないでしょうに、と不思議に思ったものです。

お店に入ってほしい人の5つの特徴

お店に入ってほしいと思う人には5つの特長があります。

① 姿勢が良くて歩き方がさっそうとしている
② 表情が穏やかできれい（美人とかかわいいとかではありません）
③ 服をきれいに着ている（高価な服を着ているという意味ではありません）
④ 優雅で洗練された雰囲気がある（立ち居ふるまいがきれい）
⑤ スタイルが良く見える服を選んで着ている

この人が着てくださったら、私たちのブランドのイメージを上げてくれそう、という期待感を持たせてくれるからです。

私たちは言葉を発する前に、存在だけで無意識にいろんなメッセージを周りに発信してしまっているのです。

そんな素敵なメッセージを発信している人がお店に入ってきたら、丁寧に対応しようと思ってしまうのは、販売員だけではないはずです。

逆に、姿勢が悪かったり、歩き方が雑だったり、不満そうな表情だったらどうでしょうか。

お客様が販売員を見ているように、販売員もお客様を見ています。どんなシチュエーションであれ、外見で好感度を発信することは、周囲も自分も幸せにするのです。

ふるまいで第一印象はさらに変わる

店頭に立っていた時、着物をお召しになったお客様がお店に入って来られることがありました。

その姿だけでも美しくて、見とれてしまうものでした。

着物を着る方は、立ち居ふるまいが非常にきれいです。というより、自然ときれいになってしまうようです。背筋もピンと伸びていて、楚々とした歩き方、そして穏やかなふるまいに、着物が導いてしまうのでしょう。

着物のお客様がお店に入って来られると、店内がどんなに混んでいようが、空気がパッと変わるのを感じます。その方の整ったたたずまいと丁寧なふるまいのオーラが、華やかさと共に、店内に放たれるのです。そして、それを受けて、私たちの対応も、とても丁寧になるのです。実際に私も店頭で何度経験したかわかりません。

「こちらへお座りください」と椅子をおすすめしたり、「大変お待たせしました」と妙に丁寧になったりと、自分でも笑ってしまいます。お見送りするのが残念なくらいです。

そう、「ふるまい」は目に映るものなので、「見た目」のうちに入ります。着ている服と共に、見た目を左右する大切な要素なのです。

でも、言い換えると、どんなに高価な服を着ていても、ふるまいに品がなかったらすべてが台無しになるということです。

素敵なふるまいは「真似」から始める

では、どうしたら「素敵なふるまいになるの?」という声が聞こえてきそうです。ヒントをお伝えします。

まずは真似ることから始めてください。

あなたの周りで、ふるまいがきれいだと感じる人がいたら、ぜひ真似することをおすすめします。

私はふるまいのベースとなるのは、「相手への気遣い」だと思っています。

気遣いの度合いが「ふるまい」に出てくるのです。
ぴんとこない人は、ぜひ、次の項目をチェックしてみてください。

□ どんな話し方をしていますか
□ 相手との間隔はどんな風に取っていますか
□ 立ち方、立ち位置はいつもどうしていますか
□ 座り方を気にしたことはありますか
□ 相手に物を渡す時にどんな渡し方をしていますか
□ 歩き方はどうでしょう
□ 食べ方はどうですか

例えば歩き方ひとつをとっても、相手の歩く速さを意識して歩いていますか？
自分の早足に相手を合わせさせて急がせていませんか？

きりがないですね。

何も考えずに行動していたら、誰だって雑になります。相手への気遣いがあるからこそ、また、相手を意識して行動するからこそ、ふるまいが丁寧になるのです。

そして、そのふるまいは周りの人にしっかり見られているのです。あなたが意識している以上に、です。

「〇〇さん、あんな風に丁寧にプレゼントを渡すのね。私も今度、真似してみよう」

「〇〇さんの立ち方、いつもキレイなんだよね。見習わなきゃ」

なんて、見ながら思っているのです。影響を受けているのです。

丁寧な、どきっとするふるまいを目にしたら、見ているほうも幸せになります。

そう、きれいなふるまいは周囲をもハッピーな気持ちにさせてくれるのです。

逆に印象を悪くしてしまうふるまいもあります。

「〇〇さんたら、もっと詰めて座ってあげればもう一人座れるのに」

「なんか、あの人、いつも態度が横柄なんだよね」

人は他人を見た時、こんなことを無意識に感じているのです。そして相手を判断しているのです。「評価」と言ってもいいかもしれません。

ということは？

私たちは常に３６０度、他人に見られているということになります。またまた恐ろしい！ という声が聞こえてきそうですが、そこは逆転の発想で、ふるまいを味方につけてしまいましょう。

ふるまいがきれいな人を、人は粗雑に扱いません。ふるまいがきれいであればあるほど、人はその人を大切にしたくなるものです。人の心理って面白いですね。

あなたも今日から少し意識してみませんか？

何かひとつでも、例えば歩き方を意識するだけでも、色々なことが変わってくるのを実感できるはずです。

コラム

あの有名人の印象管理

印象管理が上手な有名人というと、特に海外に多く見受けられます。残念ながら、その点では日本はまだまだ発展途上です。

例えば、皆さんもご存知のアメリカのヒラリー・クリントン氏は、カラーを使ってメッセージを伝えることに長けている女性と言われています。

かつて、ヒラリー・クリントン氏とバラク・オバマ氏が大統領選を戦っていた時の様子を、テレビで見ていた方も多いでしょう。この選挙期間中は、ヒラリー氏はブルー、ピンク、イエローなどのはっきりとしたカラーの服を頻繁に着ていました。

鮮やかなインパクトの強いカラーは、決断力や意志の強さを表します。したがって、自分の政治に関する考えや方向性を、しっかりと人々に伝え、インパクトを残す意志の表れと取れました。

しかし、その後、オバマ氏に敗れ、側近の国務長官としてオバマ氏を支えた時の彼女の服は、グレーやブラックなどの落ち着いたカラーが中心でした。このようなベースカラーは、信頼感や落ち着きというメッセージを発信します。

彼女は、TPOに応じて、メッセージカラーを使い分ける非常に聡明な女性です。

いつ何時も自分を主張する人、逆にいつも控えめな人。どちらに偏り過ぎてもNGです。思い当たる人は、TPOと目的ごとにカラーを使うことを考えてみてください。

一方、イギリス王室のキャサリン妃が着用する服は、メディアにその姿が紹介されると非常に人気が出るそうです。

彼女からは、エレガントで気品あるイメージが伝わってきます。常に頭から足先まで、つまり帽子からパンプスまで、一貫したイメージでコーディネートをしています。見事としか言いようがありません。彼女のコーディネートは、「エレガント」イメージの代表とも言えるでしょう。

もちろん、キャサリン妃ご本人のお立場やお人柄が反映されてのことですが、「エレガント」を目指す人たちのベンチマークになるのは当然ですね。

第2章

「大切にされる人」の服の選び方

自分のテーマカラーとは

「やっぱり、自分のテーマカラーは決めたほうがいいのでしょうか?」

こんな相談を、男女問わず、たくさんの方から受けます。

皆さん、自分をどう見せたらよいのか、特に色について気になっているのでしょう。


答えは、「自分のテーマカラーは、ないよりはあったほうがいい」です。

なぜなら、カラーで自分のイメージを発信できるからです。

企業がコーポレートカラーを決めているのは、ここに理由があります。


例えば、みずほ銀行といったらブルーを思い浮かべませんか?

ユニクロといったらレッドとホワイト。

ドトールコーヒーならイエローとブラック。

スターバックスならグリーン。

道を歩いていて遠くに看板が見えると、その細かな部分は見えないけれど、色で判断していませんか？　あっ、あそこにみずほ銀行がある、とか、スタバがある、なんて思ったことがあるはずです。

これは、自分の脳が、色で企業やブランドを判断するようになっている証拠です。

公共のトイレでは、男性用はブラックやブルーのマークが多いはずです。女性はレッドです。これを、男性女性のマークの形はそのままに、色だけ逆転させても、人はマークではなく、色で判断して反応してしまうそうです。人が視覚でキャッチしてしまう典型的な例です。

これを、人間に当てはめてみたものがテーマカラーです。

企業が、ブランディングの手法のひとつとして、コーポレートカラーをロゴマークや名刺、封筒、ホームページなどに使うと、お客様に企業イメージを浸透させていくことができます。

同じように、人も、テーマカラーを服や持ち物に使うことで、他人に覚えてもらいやすくなる効果があります。それらを活かして自分の印象や存在をアピールしているのが、政治家の女性たちです。

例えば、東京都知事の小池百合子氏は、グリーンをテーマカラーにして、ここぞという大切な場面で使っていますし、蓮舫氏は常に白を着用することで、「白い蓮舫」というイメージを作っています。

ご本人たちがどこまで意識されているかはわかりませんが、グリーンはマイナスイメージがない色で、ホワイトはピュアでクリーンなイメージを出したい時に使う色です。

では早速、自分のテーマカラーを決めよう！　と思っているあなた。好きだったら何色でもいいと思っていませんか？

まずは、ご自身の「パーソナルカラー」を知るところからスタートしましょう。

あなたの「ＤＮＡ」に合った色を知る

「パーソナルカラー」という言葉は聞いたことがあるけれど、なんだかよくわからない、という方が多いのではないでしょうか。

「パーソナルカラー」とは、あなたの髪、肌、瞳、唇、頬の色に調和したカラーのことです。言い換えると、「あなたの持つＤＮＡにマッチしたカラー」です。

あなたを美しく引き立てて、その内面を自然に伝え、周囲の人たちとより良いコミュニケーションを図るために最適なカラーです。

自分のパーソナルカラーを知って活用するのと、まったく知らずに人生を過ごしてしまうのとでは、人生を長い目で見た時に大きな違いが出てくると、私は信じています。

パーソナルカラーの４タイプ

パーソナルカラーは、まず２つのグループに分けられます。

ひとつは黄色味を含んだイエローベースと呼ばれるグループ、もうひとつは、青味を含んだブルーベースと呼ばれるグループです。世の中のすべての色はどちらかのグループに分けられると言われています。

そしてさらにそれぞれのグループが2つずつに分けられ、「春・夏・秋・冬」という4つのカラータイプに分類されます。

各タイプの特徴です。

●春（スプリング）／イエローベース

春の花畑をイメージする色合いで、絵の具を水で溶かしたような透明感のある色の集まりです。明るく健康的な印象です。

●夏（サマー）／ブルーベース

紫陽花の色が変わっていくような初夏をイメージする色合いで、グレイッシュやパステルトーンの柔らかい色の集まりです。穏やかで品の良い印象です。

●秋（オータム）／イエローベース

秋の収穫祭をイメージする色合いで、紅葉や、木の実、土の色など深みのある色の集まりです。知的で大人の印象です。

●冬（ウィンター）／ブルーベース

クリスマスツリーに飾るオーナメントのようなはっきりした色の集まりです。シャープで個性が際立つ印象です。

人は、この4つのタイプのどこかに属するので、そのグループの色を身に着けることで肌なじみが良くなり、魅力が引き立ちます。

自分のパーソナルカラーを知るヒント

では、「私のパーソナルカラーはいったいどれなの？」という声が聞こえてきますので、肌色や目の色味で見る自己分析方法のひとつをご紹介します。ただし、簡易的な方法ですから、ここでわかるのはあくまでも傾向です。詳しく、また正確に知りたい方は、自己診断で決めつけず、専門家に相談してみてください。

●イエローベース

春（スプリング）：肌は明るく透明感があるオークル系。日焼けをすると小麦色になるがすぐさめる。ビー玉のようにくりっとしてキラキラした瞳が印象的。

秋（オータム）：肌は黄みが強いマットなオークル系。日焼けをするとすぐに小麦色になり、元に戻りにくい。瞳の色は暗めで深く落ち着いた印象。

●ブルーベース
夏（サマー）：肌は色白のピンクっぽいオークル。日焼けをすると赤くなるがすぐさめる。目はソフトで穏やかな印象。

冬（ウィンター）：肌は透けるような色白、または褐色。日焼けすると、やや赤くなるが褐色に定着。目力があり、白目と黒目のコントラストがはっきりしている。

「好きな色を着られない」は誤解

カラー診断と聞くと「好きな色を着られない」と嘆く人を時折見かけますが、まったくの誤解です。安心してください。

特定の着られない色があるのではありません。

例えば、「黄色」には、「レモンの黄色」もあれば「マスタードの黄色」もあります。

イエローベース

春（スプリング）

春の花畑をイメージする色合いで、絵の具を水で溶かしたような透明感のある色の集まり。明るく健康的な印象。

こんな人
(肌) 明るく透明感があるオークル系。日焼けをすると小麦色になるがすぐさめる。

(目) ビー玉のように、くりっとしてキラキラした瞳が印象的。

(例えば) 井川遥、SHIHO、上戸彩

秋（オータム）

秋の収穫祭をイメージする色合いで、紅葉や、木の実、土の色など深みのある色の集まり。知的で大人な印象。

こんな人
(肌) 黄みが強いマットなオークル系。日焼けをするとすぐに小麦色になり、元に戻りにくい。

(目) 瞳の色は暗め。深く落ち着いた印象。

(例えば) 安室奈美恵、竹内結子、長谷川理恵

ブルーベース

夏（サマー）

紫陽花の色が変わっていくような初夏をイメージする色合いで、グレイッシュやパステルトーンの柔らかい色の集まり。穏やかで品の良い印象。

こんな人
(肌) 色白のピンクっぽいオークル。日焼けをすると赤くなるがすぐさめる。

(目) 目はソフトで穏やかな印象。

(例えば) 綾瀬はるか、石原さとみ、黒木瞳

冬（ウィンター）

クリスマスツリーに飾るオーナメントのようなはっきりした色の集まり。シャープで個性が際立つ印象。

こんな人
(肌) 透けるような色白かまたは褐色。日焼けすると、やや赤くなるが褐色に定着。

(目) 目力がある。白目と黒目のコントラストがはっきりしている。

(例えば) 黒木メイサ、柴咲コウ、深津絵里

※ここで紹介している特徴はあくまでも一般的なものです。個人差があり、すべての人に当てはまるとは限りません。

同じく青にも、「夏の青空の青」もあれば、「冬の海の青」もあります。

好きな黄色や青色を着られないのではなく、黄色や青色の中に「肌になじまない色」があるのです。

他の色も考え方は同様です。どんな色にも「似合う色」と「肌になじまない色」があるのです。ぜひ決めつけずに様々な色を楽しんでください。


似合うパーソナルカラーを身に着けると、次のようなメリットがあります。

- 明るく元気ではつらつと見える
- 気になるシミ、シワ、くすみ、クマなどが目立たない
- 健康的で肌にツヤがあるように見える
- 若々しく生き生きと見える
- 目が輝き、明るい印象を与えられる
- あなたらしさがきちんと伝わる
- 人とのコミュニケーションがスムーズにいく

逆に、他人を見て、または自分を鏡で見て、こんな風に感じたことはありませんか？

・見た目の印象と中身にギャップがある
・不健康に見える
・実年齢より老けて見える
・印象が薄く、思い出せない
・本人より着ている服のほうが目立つ
・思いが上手に伝わらない
・自分を理解してもらうのに時間がかかる

これは、パーソナルカラーの視点から見ると、自分のパーソナルカラーと真逆の調和しないカラーを身に着けていた場合に起こりやすいケースです。

そうなると、残念ながらあなたの印象を悪くしてしまう場合もあります。映画やドラマでは、敵役などには、意地悪や不健康に見せるために、真逆のカラーを身に着けさせているケースがよくあります。

特に似合う「勝ち色」とは

さらに、パーソナルカラーの中でも、特に似合うカラーがあります。

私はこれを「サクセスカラー」や「ベストカラー」、はたまた「勝ち色」と呼んでいます。これは、人によって色の傾向が違ってきます。

もともと、似合うカラーグループの中でも、さらに似合うカラーですから、最高の味方、最高のサポーターになります。言い換えるなら、あなたを最も魅力的に見せてくれるだけでなく、あなたがやりたいことに近づけてくれるのです。

「ここぞ！」という大切な場面で、ぜひとも活用してください。

デートの時、大切な会合の時、人前で話をする時、自分の気持ちをしっかり伝えたい時、そんな時には服の一部に取り入れて、味方につけてください。

だからこそ、自分を的確にアピールするテーマカラーを決める場合は、このパーソナルカラーを十分に考えてから設定していただきたいのです。

パーソナルカラーの中なら、どのカラーもあなたを引き立ててくれるので、安心して選べるはずです。

でも、ここで注意点がひとつ。

それは、テーマカラーにしたからといって、何でもかんでもその色を使うのはナンセンスだということ。くどくしつこい印象になってしまうからです。

企業も、コーポレートカラーは限られたものにしか使っていません。人間も同じで、ここ一番の時に全身に使用するのはいいですが、普段は、服の一部、インナーや小物などにさりげなく入れるぐらいに留めておきましょう。

自分のパーソナルカラーがわからない人は、ぜひ、きちんとした診断ができる方に見ていただくことをおすすめします。私のようなイメージコンサルタントやパーソナルカラーを扱う仕事に携わっている人に相談してみてください。

主役の色と脇役の色

あなたを引き立ててくれるパーソナルカラーと、ここぞという時に効果を発揮するサクセスカラー、そして、「目指す姿」を実現する、つまりブランディングの武器にもなるテーマカラーについてお話ししました。

ここではさらに効果を発揮するカラーの使い方をお伝えします。

「効果が発揮される」とは、「自分が思い望んでいることを実現する。そのために周囲に大切にされ理解される」ということです。

世の中で成功している人たちを観察していると、色を上手に使い分けられています。

その方法は次のように、じつにシンプルです。

自分と他人との関係性でカラーを活用

自分の中で、シーンによってカラーを使い分ける

つまり、ＴＰＯをわきまえて、カラーメッセージを自己表現のひとつの武器としてフル活用しているのです。

立ち位置にベストな色使いがわからない!?

私自身、長い仕事経験から、役職だった方が任期を終えて後方に回った時、またはイベントを開催した時に、本来は後方の立場のはずなのに、新役職者やゲストスピーカーより派手な服で人目を引いてしまう、というシーンをたくさん見てきました。

一方、パーティーなどにワクワクしながら出席したのに、主役の方がどこにいるのかわからない。どこにいるの？　と探すと、今日は主役なのにとても地味な服装でがっかりした経験も……。主役なんだからもう少し華やかなほうがお祝いするほうも嬉しいのに、と思ったこともありました。

じつはこういった相談は多いのです。つまり、自分の立ち位置はわかっているけれど、それを服や色でどう表現していいのかわからない人が多いのです。

そんな相談を受けた時には、まずどのようなシチュエーションか、どういう立場で臨むのかをしっかりヒアリングし、周囲との関係性を把握してから、ふさわしい見た目作りを提案しています。

たかが服、たかが外見かもしれませんが、これを間違えると、その後のコミュニケーションに支障をきたし、命取りになりますから。

シーンによってカラーを使い分ける

ここで、シーンによってカラーを使い分ける方法をご紹介しましょう。

これらは、前述のように華やかなシチュエーションではありません。相手を意識することなく、ご自身のメッセージとしてカラーを使い分ける手法です。

●ホワイト……純粋無垢でピュアなメッセージを発信するので、イベントの初日に着用すると効果的。ファシリテーターや司会などにも適したカラー。

●ブルーやネイビー……冷静さや説得力、爽やかなメッセージを発信するので、会議や話し合いの場など、決め事が発生する時などに最適。

●イエローやオレンジ……親しみや温かみのあるイメージを発信するので、友好関係を築きたい時、小さなお子様を相手にする時などにも向いている。

●レッド……情熱、エネルギーのイメージを発信するので、パワーが必要な時、例えば大勢の人の前で話をする時や、プレゼンテーションのシーンには向いている。日本人は、赤を特別扱いする傾向があるが、ぜひ気兼ねなく使ってほしいカラー。

●グレー……落ち着き、安心感のイメージを発信するので、相手に信頼感を与えたい時などには有効。

映画やテレビなどの登場人物が着用しているカラーもとても参考になりますので、意識して見てみると様々な発見があり面白いはずです。

今日はどんな自分でいこうか？

印象に残るこんなドラマがありました。

主人公は、とある会社の管理職の女性です。

仕事中は、部下にたくさんの指示を出し、様々な判断も容赦なく瞬時に下しますので、身に着けているスーツは赤、青、黒などの常にはっきりしたカラーのものです。

しかし、仕事が終わり、仲の良い仲間とバーに繰り出す姿は、ラベンダーやパステル系の淡く柔らかいカラーのなんともエレガントな装い。見ている私がハッとさせられました。

それ以来、すっかり魅せられて、主人公を演じた女優のファンになってしまいました。

その服はスタイリストが揃えていたものだとわかっていても、です。

カラーは、こんな風にも活用できます。

例えば、嫌なことがあって自分の気分をアップさせたい時は、元気が出るビタミンカラーを取り入れたり、友人たちとのランチでは落ちついた色目にして、大人の女を演出してみたりするのもいいでしょう。

色を使い分けることで、気分も表情も、立ち居ふるまいさえもコントロールできるのです。ぜひ試してみてください。

今日はどんな自分でいこうか。

そんな風に考えて、色を取り入れてみてはいかがでしょうか。

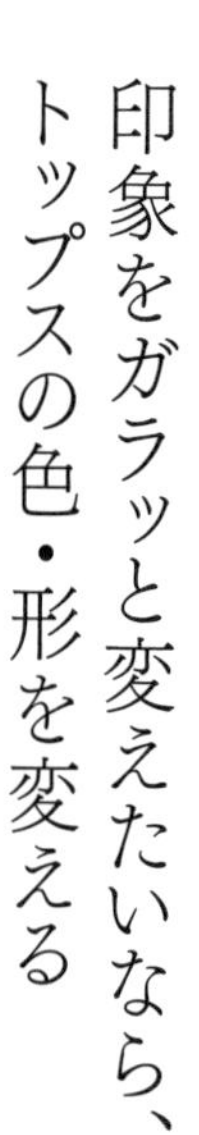

印象をガラッと変えたいなら、トップスの色・形を変える

「ガラッとイメージを変えたいのです！」

こんな要望を伝えてくださるお客様は少なくありません。


まだ出会ったことのない自分に出会ってみたい。

本来の自分を、他に気兼ねすることなくストレートに出してみたい。
もっとグレード感、ステージアップした最高の自分を見てみたい。

でも、どうしていいかわからない……。これが本音でしょう。

あなたは、たまに誰かに対して「彼女、何だか雰囲気が変わった」と感じることがありませんか？

ちょっと思い出してほしいのです。どこを見てそう感じたのか。

人を見る時には、顔から見ませんか？　足から見るという人、手から見るという人いますか？　まず、相手の顔を見て、無意識の安心感を得てから他に視線を移すはずです。初対面だろうが、家族だろうが、皆同様です。

ということは、顔周りが変わると、他人は変化を感じるのです。顔だけではなく、顔の周りを取り囲む全体感の変化です。ですから、ヘアスタイルが変わったり、メイクの仕方が変わったりすると、「今日、なんか雰囲気違うね」ということになるのです。

まずは、前ページでお伝えした色の力を使ってみてください。

襟の形で発信するイメージが変わる！

そして、色にトライしたら、次はトップスです。

襟の形で、発信するイメージが変わってしまうのをご存知ですか。

ブラウスやシャツの襟でも十分に伝わります。

●シャツ風の襟……しゃきっとした印象になり、キチンと感が出る。

●V字に開く襟……ジャケット同様、すっきりとした印象。
●ボウタイが付いた襟……ソフトな印象に加え、エレガントさが出せる。
●ラウンドの形の襟……優しさを演出する。

大きく印象を変えたい時はジャケットの襟を変える

もっと印象を変えたいなら、やはりスーツやジャケットの襟を変えることです。いつもスーツの人も、スーツはそんなに着ないという人も、いざという時にはぜひトップスを変えてみましょう。

●きちんとした印象を与えたい時には、ノッチドラペルの襟か、ピークドラペルの襟が効果を発揮する。
●もっと柔らかい印象にしたい時にはショールカラーがおすすめ。襟に曲線が入るので、少しソフトになる。
●スタンドカラータイプの襟は、襟が立ち上がる分、きりっとした印象を出しやすくなる。

●V字に開くカラーレスはすっきりした印象になる。このタイプのジャケットを着用する場合は、インナーで変化をつけやすい。
●ラウンドに開く丸襟では曲線が首元に入るので、襟の形の中では一番ソフトな印象になる。

あなたも、シーンによって襟の形を使い分けてみてはいかがでしょうか。

そのシーンに一番合ったものを、与えたいイメージのタイプを身に着けることで、あなたの伝えたいメッセージが伝わりやすくなります。

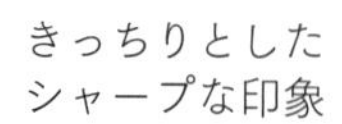
きっちりとした
シャープな印象

スタンド
カラー
ノッチド
ラペル
ピークド
ラペル

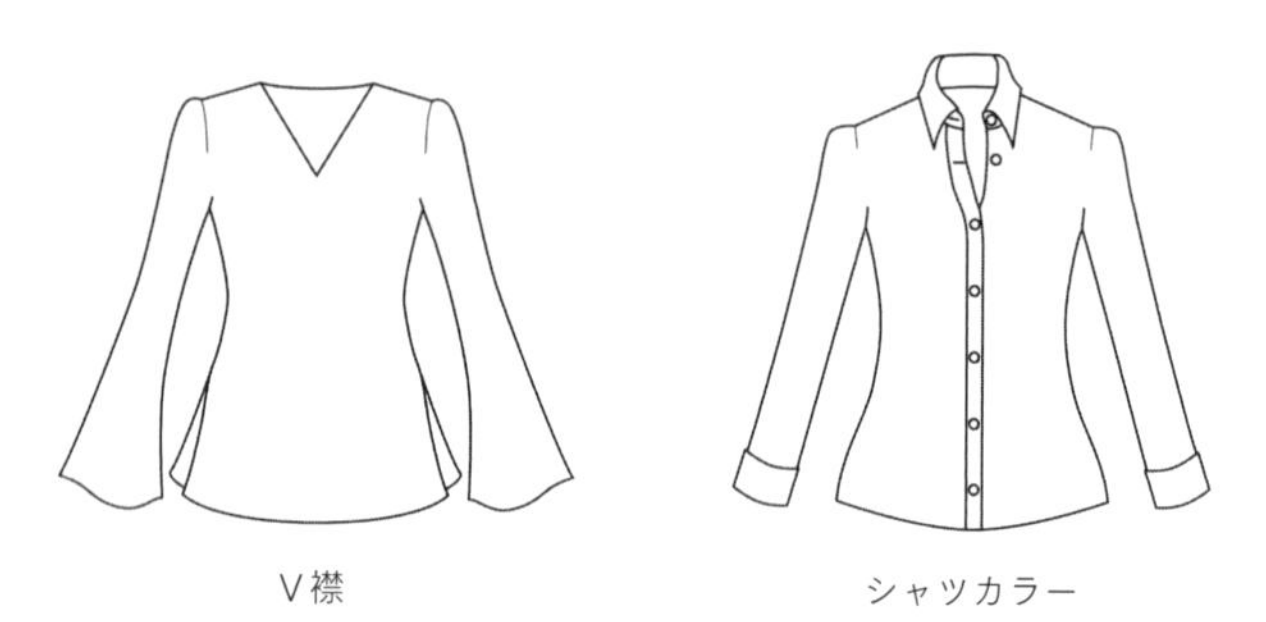
V襟
シャツカラー

襟の形を使って印象をつくる

ソフトな
印象

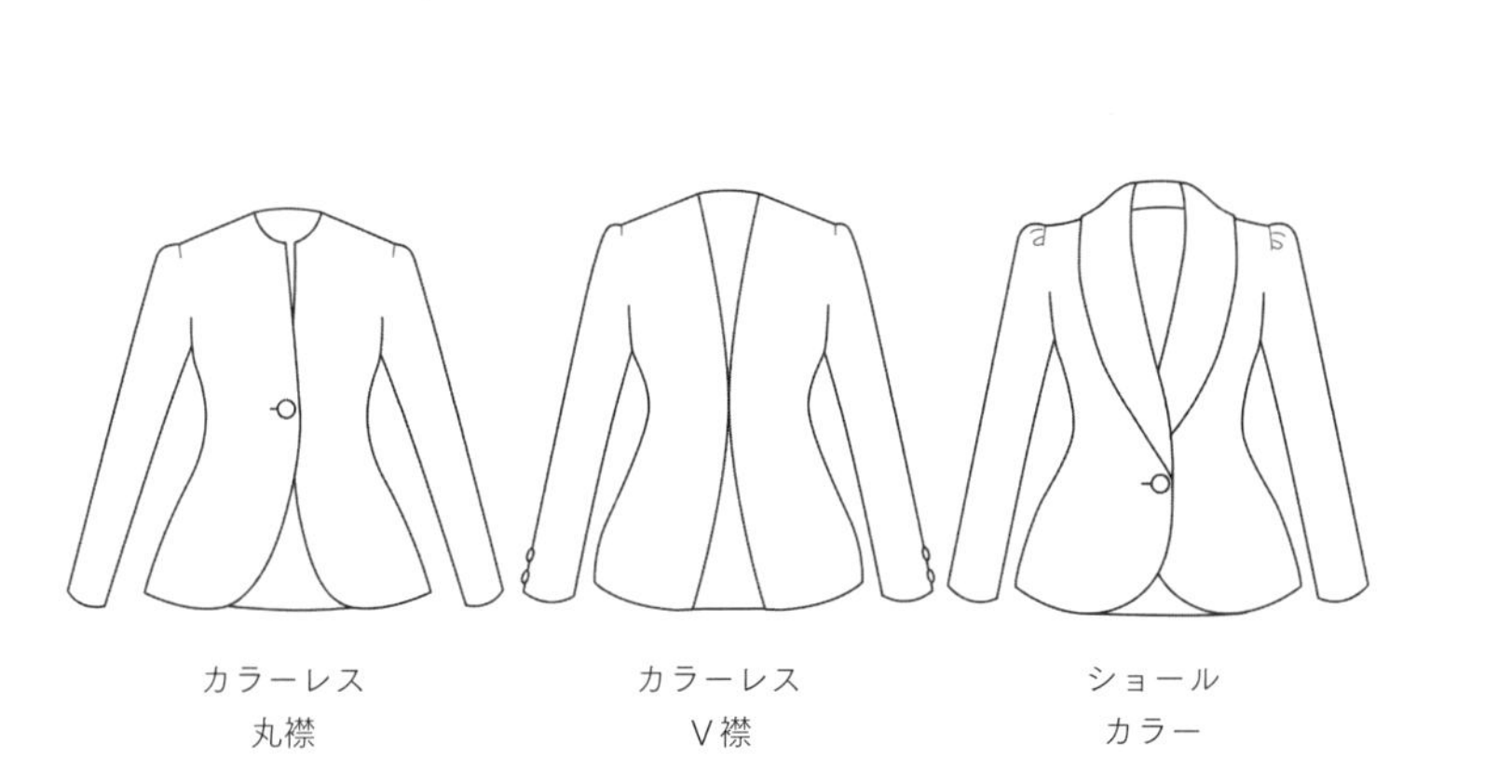

少しずつ変身したいならインナーから

ガラッとイメージを変えたい気持ちはあるけれど、そこまで勇気がないという人も多いはずです。または、そこまでの変化を望まない人も……。

周囲にあまり驚かれたくないので、少しずつ変わっていきたい。
自分自身でじっくり変化を確認しながらチェンジしたい。
できれば最初はリーズナブルに済ませたい。

そういう時は、どこを変えるのが効果的でしょうか。
前項で顔まわりの重要性をお伝えしました。
そう考えると、少しずつ変身するのも、上半身の一部が適当ということになりますね。
特に身体の中心を占めるインナーは、効果的です。

私は、パーソナルカラーがわかったら、インナーの色数を増やすことをご提案しています。

カウンセリング時にお聞きすると、たいていの人が、インナーはベーシックカラーしか持っていません。ホワイトやブラック、グレーで済ませる人が多いようです。

実際に、鏡の前でパーソナルカラーのきれいな色味を上半身にあててみると、それだけで大きく変わる様に皆さん、一様に驚かれます。肌が一気に明るくなりますが、それ以上に嬉しいのは、鏡を見ているお客様の表情が、一気に晴れやかになること。それを見て、私も幸せな気持ちになります。

カラフルなインナーはどこで手に入れる?

カラーだけでもこれだけインパクトがあるのです。さらにインナーの形や素材の変化が加わったら一気にバージョンアップすることが想像できますね。

このようにアドバイスすると、「おなじみの店にはモノトーンばかりで……」と浮かない顔をされる方がいます。そんな時、私はカラーバリエーションが揃っているファストファッションのお店などを提案しています。また、時期的には春先になると、どこのお店も普段より色数が揃いますので、意識して覗いてみてください。


パリッとしたければ、コットンやリネンシャツ。

エレガントにしたければ、やはりシルク。

ドレッシーに行きたければ、ボウタイやカシュクール。

可愛らしさを出したければフリルやギャザーが付いたインナー。

スポーティーに行きたければカットソー。


こう考えるとインナーもバリエーションを広げて多彩に揃えていくと、ご自分のイメージが自由に変えられるようになることがおわかりですね。

また、インナーはジャケットをはおった時は見える面積が小さいので、ご自分の好みやトレンドを気軽に取り入れやすい部分でもあります。

イメージをゆっくり変えたいなら、インナーから始めることをおすすめします。

若く見える人と若作りな人

「吉村さん、私、若作りになっていませんか?」

「イタい感じはしないですよね?」

こんなご相談もよく受けます。

でも、この懸念、とてもよくわかるのです。

女性は歳を重ねると、どんなに丁寧なお手入れをしていても、肌はくすむし、たるみも出ます。シワもシミも出てきます。若い頃と体重は一緒でも、悲しいかな、体型はやはり違うのです。これは仕方のないことです。


ずっと若いままでいたいという切望は誰にでもありますが、ここはひとつ、歳を重ねる自分と仲良くなりましょう。

アンチエイジングどころか、再生細胞にまで及ぶ現代の医療は、望むべくして確立されました。素晴らしい商品が次々に出されています。でも、これらだけに頼ることは賢明ではありません。

第1章で、見た目の9割は服で決まるとお話ししました。

そうです。服を味方につけてほしいのです。

では、「若く見える人」と「若作りな人」とではどこが違うのでしょうか。

若く見られたい！という思いは一緒ですが、表現方法が違うのです。

「若く見える人」は好感度が高く、憧れの対象となります。実際の年齢より若々しくきれいに見えるわけですから当然でしょう。

一方「若作りな人」は、正直言って、「イタい」のです。無理している感じがどうしても出てしまい、評価が下がるばかりか敬遠されたりします。

不思議ですね。

現代の女性たちは、スポーツクラブやエステサロンに通ってプロポーションをきれいに保っている人が多いので、若い人向けの服もすんなり着られますし、サイズも合っています。

でも、「なんか変！」

じつはこれが一番厄介なのです。

イタい若作りにならない3つのポイント

こんな話を聞いたことがあります。

40代半ばの女性が、ある会合に出かけました。着ていたのは、若い方からも人気のある誰もが知っているブランドの服です。その会合に20代の女性がやってきました。なんと、同じ服を着ているではないですか！

お互いに驚きましたが、気後れしてしまったのは40代半ばの女性のほうでした。比べてしまうと、どう見てもきれいに着ているのは20代の女性のほうだったそうです。

はじめてこの話を聞いた時には非常に驚いたものですが、その後も複数のお客様から同じような話を聞きました。

その後、その方のモチベーションが下がってしまったのは当然でしょう。

では、具体的に、何に注意すれば、「イタく」ならないのでしょうか。

ひとつ目はジャストサイズであるかどうかです。

若作りな人にありがちなのが、小さめのサイズの服を無理して着ているため、下着の線などが服に響いてしまっていることです。

これはかなり見苦しいですが、他人は注意してくれないので、自分で気をつけなければいけません。だからといって大きめのサイズはもっとだらしなくなってしまうので困りものです。

2つ目は、隠すことも美徳、という考えを持つことです。

身体には、歳を感じさせてしまうところがいくつかあります。二の腕のたるみ、首のシワ、そしてヒジやヒザの関節部分の肌の老化です。もし、自分でどこか気になるようなら、出さずに、あえて隠すのもありです。

こうすることが、スマートに、そして年齢を感じさせないスタイルを作ることにつながっていきます。

最後は、クオリティを意識することです。

服は自分の一部です。若い時は、若さで安い素材の服でも素敵に見せられますが、歳を重ねるとそうはいきません。特に肌の衰えを補ってくれるのは、良い素材です。

次の章で詳しくお話ししますが、ぜひ素材のクオリティを意識して着る服を選んでみてください。

あなたの周りの「若く見える人」は、このポイントを心得ているのでしょう。

もちろん、立ち居ふるまいや、ヘアメイクなども大きく関わってきますが、男性女性にかかわらず、「若く見える人」の好感度は高いので、周りから一目置かれたり、大切にされたりします。

ぜひあなたも意識してみてください。

コラム

男性上司の服とのバランスを考える

かつて百貨店で店頭から後方部隊に異動した時、打ち合わせの場に女性は私一人、なんてことはザラにありました。本当に困ったことを覚えています。

「どんな服を着たらいいのだろう」

「目立たないように、でも信頼感を出すには……」

目安になるもの、基準があれば知りたい！　と何度考えたかわかりません。


こんな風に悩んだ時は、ニュース番組やワイドショーなどが参考になります。男性と女性が必ず並んでいますので、バランスを見てみてください。大体、釣り合うように考えて服を着用しているはずです。特に男女の服装のバランスが絶妙な欧米のニュース番組がおすすめです。日本では局によって差があります。男性はスーツスタイルなのに女性の服がカジュアルすぎてちぐはぐに見えたり、同じキャスターという立ち位置のはずなのに、まるでアシスタントのように見えてしまうこともあったりしますから、お手本にする時には注意が必要です。

参考にしてほしいのは、あなたの職場、特にその中心になっている男性上司のスタイルです。彼らは会社を代表していますから。

いつもスーツ姿なら、やはり女性もカジュアル感を感じるカーディガンやセーターではなく、キチンとした感じをかもし出すジャケットが適当でしょう。ジャケパンスタイルなら、もう少しリラックスしたワンピースなどカジュアル感を感じる服でもいいでしょう。

ビジネス街を歩くと、同僚と思われる男女が一緒に歩いている光景を目にすることがあります。男性のほうは見るからにクオリティの高いスーツを着ている一方、隣の女性は、残念ながら就職活動用のリクルートスーツやカジュアルな服を着ていることが多いものです。

その光景に残念な気持ちを感じてしまうのは、私だけでしょうか。

第3章

「大切にされる人」の服の買い方

クラス感は素材と質感に表れる

服の「素材」選び、おろそかにしていませんか。
じつは、これひとつであなたの印象は大きく変わります。

気に入ったデザインや好きなカラー、ブランドなどで購入の決め手にしている方が多いと思いますが、ここに「質感」を加えてほしいのです。
質感とは、触れた時の手触り、そして、見た時の服地の印象です。質感が良ければ、触った時の感触がこの上なく心地良いはずです。見た目もしなやかで高級感があります。例えば、ベルベットやシルクを想像してみてください。

逆に質感が良くない場合は、触った時に硬い感じがしたり、着た時にフィット感を感じなかったりと本人が快適でないだけでなく、見た目にもしなやかさを感じません。目の粗いヨット帆布、テカテカしたナイロン生地などを思い出してみてください。安いからといって、商品をよく見ずに購入して、いざ身に着けてがっかりするなんてこと、誰でも一度は経験があるのではないでしょうか。

お店の人も服の素材であなたを見ている!?

店頭にいた頃、お客様が試着する際に、試着室に入らずに備え付けのミラーの前で、ちょっと袖を通すことがありました。そんな時は、お客様の脱いだ上着を自分の腕に掛けることもしばしばです。否応なく、その質感を感じとることになります。なかには、ハッとするくらい、手触りの良い服をお召しのお客様もいらっしゃいました。「なんて素敵なのかしら……」一瞬でそう思い、その方がさらに素敵に見えたりもしました。

先日、ホテルの方の研修をした際も、フロントでお客様からコートをお預かりした時に同様のことを感じるという感想がありました。本来、プロとしてはほめられたことではないかもしれませんが、やはり、一瞬ドキッとして、ついお客様のお顔を見てしまうと言っていました。「もっと大切に対応しなくては」と思ってしまうそうです。

こんな話もあります。私を訪ねてくださるお客様の中には、銀座のクラブにお勤めの方もいます。お店にいらっしゃるお客様の上着をお預かりするのは日常のこと。車で移動する男性が多く、冬場でもあまりコートが必要のない方々ですが、お店に入る際に上質なコートを預けることがひとつのステイタスになっているそうです。上質なコートを着用する余裕や、ハイクラスの人間であることを、無言で伝えたいのでしょう。なるほどと感心してしまいました。

「見た目」だけで判断して痛い目に!?

私自身の経験ですが、黒いタイツがたくさん欲しくて、あまり確認もせずに値段で判断し、数足まとまった一番安いものを購入したことがあります。

ところが、いざ着用する時に、いやいや、肌触りが悪いこと。鏡に映ったタイツ姿も、なんだか黒色がまばらで脚がきれいに見えません。

Tシャツでも同じ失敗をしてしまいました。家で着るからいいや、なんて考え、袋に入ったままの商品を確認もせずに購入。初回に着用した時は気になりませんでしたが、洗濯を繰り返すうちに型崩れが顕著に……。手触りもゴワゴワです。
通信販売でも、きちんと確認して購入しないと同じ羽目に陥ってしまいます。何度経験したかわかりません。

そうなのです。同じデザインでも、同じカラーでも素材が違うと、見た目の印象に大きく影響するのです。なんとなく気分が浮かないで一日過ごす自分と、気持良く袖を通して過ごす自分と。どちらがいいかは言うまでもないですね。

先日、20代後半の女性のコートの買い物同行をしました。シーズンごとに、購入の際にはお声を掛けてくださる女性です。おかげさまで、私は彼女のワードローブをほぼ把握しています。
今回も、入念な下見をしていくつかおすすめのコートをピックアップしていました。当日、それらをすべて試着していただきました。結果、彼女が購入したのは一番クオリティが高いもの、質感の良いものでした。当然お値段も他の候補に比べるとやや高めの一着です。

そこで、なぜこのコートを選んだのか、彼女に購入の決め手をたずねました。日常、支障なく着用でき、お手頃な価格のコートも他にたくさんピックアップしておいたからです。

彼女の一言は、「ミラーに映った自分が今までの自分とまったく違って、上質な自分に見えたから」でした。

軽く着心地が良く、何より気持ちがいいそうです。

その後、こんなメッセージをいただきました。

「周囲からの評判が非常に良いのです。おかげさまで、毎日自信を持って過ごせています」と。

嬉しいですね。購入した時は、ご自分の印象や着心地の良し悪しで判断されていましたが、じつは周囲からの評価は、彼女が思う以上に高いものとなり、彼女自身をグレードアップさせていたのです。

服を購入する時には、ぜひとも「質感の良い服地」を選ぶ際のポイントのひとつに入れてください。

質感が良いと、言葉でアピールしなくても、あなたのクラスを服が伝えてくれます。

「あの人、いつもクオリティの高いものを着ているね、なんかいい感じよね」

こう思っていただけたらしめたもの。素材の上質感が中身の人間を上質に見せてくれます。

あなたの魅力を、質感を通して周囲に伝えましょう。

「投資」の発想で服を選ぶ

「投資」の発想で服を選ぶ――。

この本の中で私が一番お伝えしたいのは、じつはこのことかもしれません。

この「投資」という発想があるかないかで、服の選び方がまったく変わってしまうからです。

「投資」という言葉と「消費」という言葉があります。

「投資」は、未来に向けて何かの目的を実現する手段としてお金を使うことです。

一方「消費」は、「今欲しい」という欲求を満たすためにお金を使うこと。同じお金を使うにも発想の視点が違いますので、よく比較される言葉でもあります。

ちなみに、無駄遣いや衝動買いは「浪費」ですね。

時間を投資する。時間を消費する。

よく聞きますね。

じつは服選びも一緒なのです。「消費」という視点ではなく「投資」という視点で服選びをすると、買い損や買い間違えはまず発生しません。


春になったから、新しい服が欲しくなった。

お店がセールをしていた。

友達が、かわいいワンピースを着ていたので、私も欲しい。


どうでしょう。こんな衝動に駆られて、お買い物してしまうこと、多いのではないでしょうか。楽しいですが、どちらかというと「消費」や「浪費」の発想に近いと言えます。

この本であなたにお伝えしたいのは、もうひとつの選び方なのです。「消費」ではなく「投資」という発想での選び方です。それは、

「こうなりたいと憧れる理想の姿に近づける」という視点で服を選んでみることです。

言い換えると、「理想の自分の姿」がそこからイメージできるかどうか、です。

未来の理想に近づける服とは

私は、コンサルティングで最初のヒアリングにとても時間をかけます。イメージコンサルティングとは、お客様に理想の姿を達成していただくための外見的アプローチの手法ですので、目指すゴールがとても重要になります。

例えば、以前こんなお客様がいらっしゃいました。

お花が大好きで、将来はフラワーアレンジメントを教える人になりたいという女性です。彼女は英語が得意なので、海外の方に向けてサービスを展開したいとのこと。現在は会社に勤め、仕事の時間は制服を着用しています。今までは、通勤で着る服、自宅でくつろぐ時のカジュアルでらくちんな服ばかりを購入していましたが、コンサルティング後は、アレンジメントを教える時に着用する服をイメージして選ぶようになっていきました。海外の方が相手なので、色使いがきれいな服や、時には和を感じさせる藍染めの服を選ぶようになったのです。

するとどうでしょう。見た目が明るく華やかになっただけでなく表情も明るくなり、生徒さんも増え、予定より早くフラワーアレンジメントの先生になる夢が実現しました。

また、こんなお客様もいらっしゃいました。

子供と料理が好きな女性で、小さなサロンを開いてお子様向け料理教室を開いていますが、まだ始めたばかりということもあり、なかなか生徒さんが増えません。たくさんの子供に料理の楽しさや本物の素材の味を知ってもらいたい、と良い食材を集めることに一生懸命で、自分の見た目にまで気が回らず、ぱっと見てわかるアピールに欠けていたのです。

そこで、子供たちが玄関を開けて先生を見た時に、ワクワクできるような楽しいエプロンや、お迎えに来たお母さんたちに安心感や清潔感を与える服を揃えました。

すると、もともと美味しい料理でしたから子供のファンが増え、お母さんたちからも信頼を得られて、今では受講者のウエイティングリストがあるとか。

ゴールを意識した服の揃え方、つまり、目指す姿を先取りをした服の選び方をしていると、ご自身はもちろん、周囲もハッピーにしてしまうのかもしれません。

こんな基準で選んだ服なら、出番も多く、きっと長い付き合いになるでしょう。


「投資」で選んだ服は、購入した価格以上の効果をもたらしてくれます。電化製品で「費用対効果」という言葉を聞きますが、服も一緒です。

購入した価格に対して期待したほどの効果がなければ、費用対効果は低いと言えます。例えば、数回で着なくなってしまった服などがそうです。逆に思った以上の効果が出れば、費用対効果は高いのです。


理想に近づく服やクオリティの高い服は、あなたをいろんな角度から応援してくれます。

次に購入する時は、ぜひこの「投資」の発想で服選びをしてください。

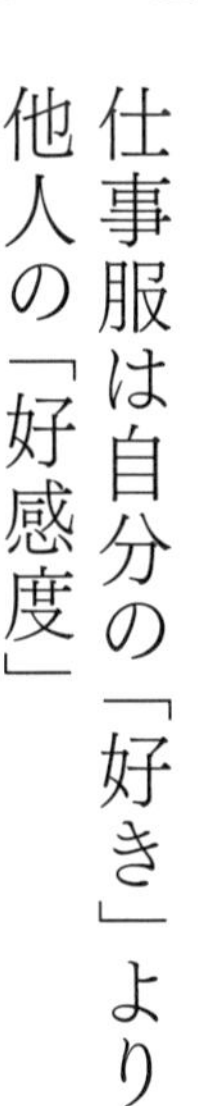

仕事服は自分の「好き」より
他人の「好感度」

このタイトル、ちょっとドキッとしますよね。
「えー、好きな服を着ちゃいけないの？」なんて声が聞こえてきそうです。
そんなことはありません。誰だって、いつ何時も好きな服を着たいものです。
ですが、仕事服には少し他人の「好感度」目線を意識して取り入れてほしいのです。

以前、なるほど、と感じたことがありました。それは次男の学習塾の説明会に出かけた時のことでした。平日の昼間の説明会。ということは、参加する保護者は、ほぼお母さん方です。会場では、塾長と講師の男性が代わるがわる説明をしてくださいました。じつに爽やかで、売り込み感も感じられません。長男の時にもお世話になった先生方でしたが、何となく今日は雰囲気が違います。よく見ると、ネクタイが2人とも淡いピンク色です。「これか！」と思い、帰り際に講師の先生に聞きました。職業病ですね。

「今日はお二人ともピンクなんですね」と声を掛けると、「よく気づいてくださいました。塾長から、本日はお母様のご来場が多いはずなので、お母様方に好感度の高いピンクのネクタイを締めなさいと、買っていただいたのです」とのこと。

塾長はお見事です。じつはこの学習塾は地域でもナンバーワンの合格率を誇っていて、気配りが素晴らしいのです。

こんなちょっとした気配りや他人の「好感度」目線が、その後の流れを決めてしまったりもするのです。

年上の女性に好かれるには

保険の営業の仕事をされている女性から、こんなご相談を受けたこともあります。

彼女は常に高い契約件数をキープしており、会社からも度々表彰されています。何も懸念することはなさそうなのですが、聞けば、お客様は同世代の方が多いとか。20代後半の彼女としては、もっとお客様の幅を広げて、40代、50代の女性をお客様にしたいとのこと。高いスキルが相手にうまく伝わるよう、外見の印象をどうマネジメントしたらいいのかというご相談でした。

日頃からきちんとした服装を心掛けているので、このままでも良いかとも思いましたが、同性の年上の女性から好かれなければ、新しい世代からの契約は取れません。

そこで、20代という若々しさは残しつつ、「任せて安心」の信頼感、同性からの好感度など意識しながらご提案しました。上質なイメージは必須ですが、職業柄、華美な印象はご法度です。落ち着いた服のデザイン、色、上質なクオリティ、アクセサリーで品の良さを現在の彼女にプラスしました。

その結果、自信を持つことで彼女のセルフイメージとモチベーションが上がり、その後、40代以上の方から多数の契約を取れたことは言うまでもありません。

他人の好感度目線といっても、まったく関係ない人ではなく、自分が関わりを持ちたい人からの目線が大事です。その方たちからの「好感度」の視点を入れることで、他人はあなたのことを、感じが良く受け入れたい人と判断します。

この視点を入れずに「好き」だけで選ぶのは、ただの独りよがりです。場合によっては、コミュニケーションに支障をきたすこともあるでしょう。

ぜひ、自分のスタイルに、「関わりを持つ人からの好感度」目線のエッセンスを取り入れてみてください。

今すぐに「オーダー」ができますか？

「好きな服、好きなバッグ、好きな靴、好きなアクセサリー、好きなヘアメイクをオーダーしていいよ」

と言われたらどうしますか？

ワクワクしますよね。あれもいい、これもいいと、色々頭に浮かぶでしょう。

でも、オーダーメードだなんて、と気後れする人もいるかもしれません。

オーダーの良さは、こんな点が挙げられます。

- 自分の好きなカラー、形、素材が選べる
- 世界にオンリーワンの存在なので、誰ともかぶらない
- 丁寧な仕立てでハイクオリティ
- 自分サイズなので着心地、はき心地が抜群に快適

・長持ちし、費用対効果が抜群

まさに、いいこと尽くめです。他人から見ても、あなたの印象が高まること、間違いなしです。これを、ご自分を「表現するひとつのツール」として、使わない手はありません。大いに利用してほしいのです。

オーダーも気軽に試せる時代に

昔はオーダーというと高価なイメージがありましたが、今では、リーズナブルな金額で気軽に利用できるようになりました。日本にもたくさんのオーダーサロンがあります。ご自分のお気に入りを見つけると長く付き合えるので、おすすめです。

そして、オーダーするからには、あなたが理想とする自分に近づけてくれる一枚、一足であるべきです。

そのためには、あなたがどうなりたいかが明確であればあるほど、決断が早く、間違いのないものがオーダーできるようになります。

私も、お客様に同行してオーダーサロンに伺う機会がたくさんあります。私にとっては、お客様のブランディングをお手伝いできるワクワクした時間です。今日もご満足いただける最高の一着を提供できるように頑張ろう、と思うのです。

いきなりスーツやワンピースに挑戦するのはハードルが高いと感じる人は、シャツやブラウスからでも試してみてください。

あるお客様も、最初は恐る恐るのオーダーでした。ところが、いざ出来上がったブラウスをお召しになると、鏡越しに見える顔が、みるみる笑顔になったのを覚えています。その後、そのブラウスを着ていると周囲に褒められることが多くなり、彼女にとって自信のつく最高の一枚となったそうです。

たった一枚のブラウスが一人の女性のセルフイメージを上げる。素敵なことですね。

思い通りに仕上がらない理由とは

また、今までも何度かオーダーを経験してきたお客様の例ですが、彼女は満足のいくものができなかったそうです。聞けば、その都度、思いついたものをオーダーしているので、同じようなものを作ったり、気が変わって着なくなってしまったりしたそうです。服のオーダーは、少なくとも3週間から1ヵ月位はかかります。こんなに長い期間、手間暇をかけて作るのです。自分自身を引き立ててくれる、愛着ある一枚にしなければ残念です。

そこで、今回はしっかりとヒアリングし、今までのクローゼットにないものを作ることにしました。

これまでは、リクルートスーツっぽい、すこし硬いイメージのものばかりだったそうです。でも彼女の理想イメージは、エレガントな大人の女性です。それではしっくりこなくて当然です。

今回は、手触りもしなやかな服地で、パーソナルカラーのワンピースとジャケットのアンサンブルを作りました。

その服を着て、今までに出会ったことのない自分に出会えたことで、彼女自身の気分が大いに変わったのはもちろんですが、周囲からの評判も上々だそうです。

「何だか今までよりも大切にされている感じがする」という嬉しい言葉をいただき、私も最高に嬉しくなりました。

今回作られたのは上質でベーシックなデザインの一枚ですから、長期間着ることもできますし、彼女の印象を上げ続けてくれることでしょう。

仕事や行動の内容に合わせて素材を選ぶ

その人に合わせて素材を選べるのも、オーダーならではのメリットです。

外回りの多い営業職の女性です。サロンにあるたくさんの生地の中から「これが良いわ」と選んだのは、さすがに素晴らしい生地です。しなやかさとナチュラルな光沢感はピカイチです。でもちょっと待って。彼女は外回りの多い仕事です。汗もかくし、座ったり立ったりの機会もかなり多いはず。

こんなしなやかで繊細な生地のスーツを着ていたら、すぐにダメージが出てしまいそうなのです。

ヨレヨレになって印象が下がってしまうかも……。そう思い、もう少し耐久性の高い生地をおすすめしました。

結果、契約率の高い、営業の「決めスーツ」の一着になったそうです。

ただ好きだとか、何となくとか、今までそうだから、という決め方では、自分の印象は変えられないし、上げられません。

決め手となる考え方は、それを着用することでモチベーションが上がるかどうか。

あなたの理想像に近づく一枚、一足、一個になっているかどうかを丁寧に考えて、あなたらしいものを仕立ててください。

それを身に着けたあなたは、印象が上がり、必ずや周囲から好印象をもって迎えられ、大切にされること間違いないでしょう。

上質な小物で格を上げる

「吉村さん、良いペンを購入したいのだけど、見てもらっていいかな？　ゴールド系か、それともシルバー系が合うのか……」

お客様からこんなご要望を最初に受けた時は正直驚きました。ペンだったら、ご自分の好きなものを選べばいいのに……と。

このお客様は営業の仕事をされています。

ということは、営業中は、常にテーブルの上にはペンが出ています。そのペンを使って、商品の仕組みや商品内容を文字やイラストで書いていきます。確かに手元をじっと見てしまいますよね。

ご本人と、手にしているペン、紙に書いている内容、すべてが一体となって私の頭の中にビジュアルとして刻まれていきます。

そう、やっぱり、ペンも大事なのです。ペンもあなたを表現する大切なひとつの小物なのです。せっかく、ある程度の金額を出して購入するペンです。ご自分に似合うペン、信頼感をかもし出し、格を上げてくれるペン、この方だったらお任せしようかなと思ってもらえるペンを選んでください。

たった、15センチ程度の小さなアイテムですが、大きな影響力があるのです。

その後も、業種に限らず、人前でペンを出して書くようなシーンがある方から、同様のご依頼を受けています。今では、私のほうから、コンサルティングの中にもれなく、小物の使い方のひとつとしてペンのアドバイスも入れています。

ある事務職の女性も、コンサルティングを機にペンを替えただけなのに周りの評価が変わったことに驚いたそうです。

毎日手にしているものの、今まではさほど意識していなかったので、そこまで自分の気分に影響があるとは思っていなかったそうです。この女性は、ペンケースまで一緒に新調されました。

高級なものを持つ必要はないけれど……

ペンだけではなく、名刺入れや、手帳、お財布も同様です。いずれも手に持つものです。時にはテーブルに置かれるものです。目の前の方の視界に否応なく入ってきます。決して高級なものを持つ必要はないのです。

・自分らしさを表現しているものなのか
・自己中心的な視点で選んでいないか
そんな視点で選んでください。


バッグも同様です。

最近では、働く女性はたくさんのアイテムをバッグに入れてしまうので、重くなりがちです。ですから、機能性重視、軽さ重視でバッグを選ぶ人が増えています。かくいう私もまさにそうで、吉村さんのバッグは重い、といつも言われています。

でもここで、先ほどのペンと同じようにバッグのことも考えてほしいのです。機能性重視だけで選んでよいのでしょうか。バッグも自分の一部です。自己表現のひとつとして選んでいただきたいのです。

こんなお客様の要望もありました。

バッグは、必ずフタが付いているかジッパーで閉められるものがいいと言うのです。そのわけをたずねると、時にはお客様からの書類をお預かりするので、「盗まれることはないけれど、大切に持ち歩いていることを、バッグからきちんと周囲にお伝えしたいから」と言われてハッとしました。

さすがですね。誠実な彼女の人柄が感じられて私も嬉しくなり、長く使える上質なバッグをご提案しました。ここまで気を遣える方ですから、一度彼女のお客様になった方は決して離れないことにも納得しました。

人は、言葉でプラスのメッセージを発信しているのに、見た目が逆のマイナスのメッセージを発信していることが時々あります。これを、「ダブルバインド」と言います。

例えばこんな状況です。

とてもオシャレに敏感で最先端のトレンドのお話をされている女性が、バッグから出したお財布が薄汚れていて、端が傷んでいたりしたら、「あらっ?」と思いませんか。この人、見た目と違う、言っていることと違うけど、どうなの? と、見ているほうは少し混乱します。この時、見ている人は、2つの判断基準に心が同時に引っ張られた状態になります。

人はそういう状況に置かれた時、視覚からの情報が大きく影響し、言葉の内容よりもビジュアルのほうを信じやすいとも言われています。ですから薄汚れた財布がその人のイメージとして相手に伝わってしまうことにもなります。

そう考えると、持ち物にまで一貫性を感じてもらえるようにしたくなりませんか。

持ち物でなくても、手紙など相手の手に渡る物も、あなたを表現するひとつのツールになります。

私の友人で、頻繁に手紙を送ってくださる方がいます。通常はメールでのやりとりですが、季節の挨拶や、贈り物を送ってくださる時には、手紙を同封してくれるのです。

この方はブルーが好きなので、必ずブルーが品良く入った便箋やハガキを選んでいます。大切に選んで、書いて送ってくださっている様子が目に浮かび嬉しくなります。

これも、ブランディングのひとつなんだなあ、といつも感心しています。ちょっとしたメッセージカードなのに、その人の個性が感じられて、いつもしばらくの間、デスクの脇に飾っておいたりします。メッセージカードから、その人の顔が見えるようです。

9割は服装で決まるというお話をしましたが、ぜひ、小物も服装を含めた「見た目」の一部と考えてください。小物は、リーズナブルにご自分の印象を表現できるツールです。

周囲から見られているものという意識を持ちながら、自分らしさが感じられるものを選んでみてください。

上質な小物は、確実に持ち主の格を上げてくれます。

ファストファッションは使い方次第

「ファストファッション」は着ないほうがいいのでしょうか?

そんな質問を受けることがあります。

いえいえ、とんでもないことです。私自身も大いに利用しています。

この「ファストファッション」とは、低価格に抑えながらも最新の流行を取り入れている衣料品、という意味です。短いサイクルで世界的に大量生産・販売しているブランドを指すこともあります。


でも、ファストファッションは、使い方次第で印象が左右されます。

そもそも、ファストファッションの趣旨は、短サイクルでトレンドを回していく役割と、日常ベーシックなアイテムを格安で提供する役割を担っていると見ています。

ということは、その特性を活かした使い方が一番効果を発揮すると思うのです。

20代前半までなら、全身ファストファッションで短サイクルでトレンドを追いかけていくのもいいでしょう。もし、サイズ感、生地感など、自分にしっくりこない箇所があっても、若さが様々な部分をカバーしてくれるからです。

しかし、歳を重ねてくると、しっくりこない部分はカバーしにくくなってきます。

そこを考慮した上でなら、取り入れることをおすすめします。

私自身は、そのシーズンのトレンドアイテムとして着用してみたり、ベルトなどの小物で取り入れてみたりして、短サイクルトレンドを楽しんでいます。

お値段もリーズナブルなので、生地が傷んでしまったり、型崩れがあったり、短期間の着用しかできなかったとしても、それはそれで良しとしています。

鮮やかなカラーを手に入れられる

ファストファッションブランドの良さのもうひとつは、カラーバリエーションが豊富なことです。通常の国内ブランドでしたら、確実に売れるカラーを中心に数色用意するのみです。もし売れなかったら在庫になるだけですから、メーカーも慎重にならざるを得ません。

しかし、その点、様々な国や地域で生産・販売をしているブランドは売り先が世界中にありますから、日本で売れなくても海外で売れます。また、カラフルなカラーレンジを好む海外バイヤーの視点も入っているので、カラーバリエーションが豊富なのです。

ついつい、きれいな色で揃えたいブラウスやシャツなどのアイテムを探す時は、ファストファッションのショップを覗いてしまいます。

ファストファッションは使い方次第であなたの印象を上げてくれますので、楽しんで上手に取り入れてみてください。

コラム

謝罪会見でファンを増やす人、減らす人

謝罪会見には、私たちの日常に活かせる大切な要素がいっぱい詰まっています。なぜなら、そこでの謝る人の姿次第で、見ている人を味方にも敵にもしてしまうということが、こわいくらいはっきり表れているからです。

本来、謝罪はマイナスイメージのつきまとうものですが、逆にその謝罪に誠意を感じて共感すると、どうやら人の感情は、「そうか、仕方ないわね」と、不快感から好感という感情に変わるようです。

逆に、まったく誠意を感じなかったり、だらしなさを感じたりすると「やっぱりね。いつかこうなると思っていたわ」などと、悪い感情に拍車がかかってしまいます。

以前、お家騒動を起こした企業の女性トップが謝罪会見をした際、相応しい服装と身だしなみで丁寧に謝罪していました。もちろん、今後の対策の内容は見て

いる私たちも納得できるものでした。その会見からは、もう二度と同じことは起こさないだろうな、という印象を受けました。次もいつものようにその企業の商品を利用しようとも思いました。

一方、大切な会見に派手な服装で出ていた某氏。お辞儀の角度も中途半端で、頭を下げる度に落ちてくる髪をかきあげています。メイクも濃い目。見ていた私は「また、同じことを起こしそう。次からこの会社のサービスを利用をするのはやめよう」と不信感を抱いてしまったものです。

さらに、不倫騒動を起こした女優の会見。いつものゴージャスな装いとは正反対の地味な服に髪も後ろでひとつにまとめただけ。メイクは薄くてすっぴん風です。泣き腫らした目からはさらに大粒の涙。後悔していることの「演出」が伝わってきました。それ以降、メディアの追及が減ったように感じました。

あなたも見ていて、同じように感じた経験はないですか。

同じ謝罪会見でも、外見とパフォーマンス次第で人々を敵にも味方にもしてしまうのです。謝り方はこんなにも大切です。

第4章

「大切にされる人」は服に愛情を注ぐ

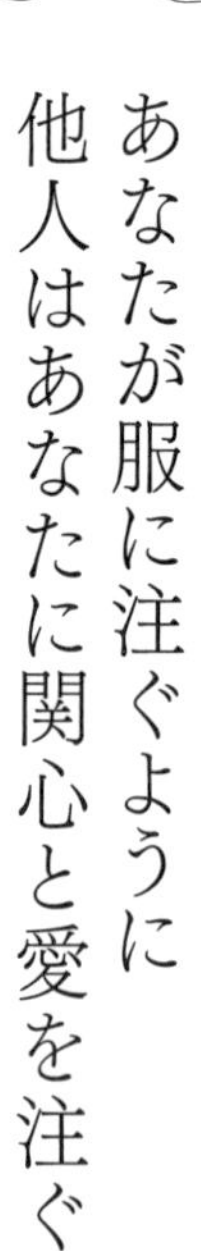

あなたが服に注ぐように他人はあなたに関心と愛を注ぐ

みなさんは毎日どうやって服とコミュニケーションをとっていますか？

そう聞くと、「服とコミュニケーション？」と怪訝な顔をされます。

例えば私は、帰宅して着ていた服をハンガーに掛ける時は「お疲れー」、大事なイベントの日に袖を通す時に「よろしく！」と声を掛けます。

さすがに、もう着られないのでごみ箱行きだと思ってもアイロンを掛けて「ありがとう」と感謝の気持ちを伝えます。服に関しては万事がそんな感じですから、一緒に暮らしている家族からは、あきれられる始末……。母が縫った服を着ていた幼い頃からの習慣なので、私としてはごく普通のことなのですが、はたから見ると滑稽に映るようです。

こんな風に、私はとてつもない愛情を持って服に接しています。

なぜなら、私の大事な相棒ですから。

相棒次第で、毎日の私のコンディションや印象だって変わります。

服好きといっても、トレンドを追いかけるような目新しいものが好きなわけではないのです。いかに長くお付き合いできるかが、購入する際の楽しみなのです。

こんな付き合い方をしているので、どうしたって長持ちしてしまいます。なので、なるべくベーシックでコーディネートの幅があるものを選びがちになります。

服をどう扱っているかは服への関心の表れ

自分のことはさておき、周囲に目をやってみると、その人その人で様々な服の扱い方をしていることがわかります。

例えばコート。脱いで丸めてぐちゃっと置く人、さりげなく畳んで脇にスマートに置く人。

ボトムにしても、座る時に座りジワを気にして、お尻の部分を伸ばして座る人もいれば、無頓着に座ってぐしゃっとなっている人と、本当に様々です。

ここは、はっきりとした正解があるわけではありません。その人の服に対する関心の度合いが表れるということでしょう。

三越に勤めている時は、店頭に出る前にロッカーで服を着替えていました。三越の制服の時もあれば、担当ブランドの服に着替える時もありました。

ロッカーは2〜3人で共有します。嫌でも、ロッカーを共有する人の服の扱い方が見えてしまいます。

いつも時間ぎりぎりに出勤する人がいました。時間がないので、脱いだ服は裏返しのままハンガーに掛かっています。時には服の形をしないままハンガーに引っ掛かっているときもありました。

「あらまぁ、これじゃ、服がかわいそう」そう思って見ていたものです。

そんな状態で店頭に出ていますから、制服のボタンが取れそうになっていても気づいていなかったりします。とても朗らかで気さくな人でしたが、正直なところ、この人から服を買う気にはなれませんでした。

靴を10年履けますか？

さらには、こんな人もいました。気に入った靴を10年間愛用しているという男性です。

足元を見ると、とてもそんな風には見えません。きれいに磨かれ、いかにも履き心地が良さそうな、足にぴったりとした風格ある靴だったのです。

聞けばこの方の物持ちの良さは、靴だけにとどまっていませんでした。バッグや手帳カバーも長年の付き合いになるそうです。拝見していると、人との付き合いでも、これぞと見込んだ方とは損得感情抜きで長くお付き合いされているようです。こんな人なら、周囲からも愛を注がれて当然ですね。

また、しっかりした仕立てのコートを着ていた女性がいらしたので「オーダーされたのですか？」と伺ったら、嬉しそうに「これ、大好きな祖母が着ていたコートをリメイクしたんです」と答えてくださいました。

そこに同席していた皆から、感嘆の声が上がったのは言うまでもありません。彼女のおばあさまへの愛情が伝わり、じんわりしたものです。今どきのドライでトレンド好きの女性という印象を持っていたのですが、じつは情に厚く、物を大切にする人なんだと、彼女への見方や印象が変わった気がしました。

ご自身の服や物に愛情を注ぐ姿は、他人にも伝わるのですね。服や物への愛情が、自分を取り巻く周囲の人や仕事にも同様に出るのでしょう。そしてそれは、その愛情の注ぎ方を見ていた人や、受けた人から本人に返ってくるのだと感じています。

服への愛情の注ぎ方に、あなたが大切にされるかどうかのヒントが隠されている気がします。

もしかしたら、服への向き合い方、扱い方を変えると、周囲からの態度、愛の注がれ方が変わるかもしれません。

服の寿命は最低5年

ある企業のセミナーで、受講者の方から「服の寿命は5年で終わりって本当でしょうか?」という質問を受けました。聞けば、ファッション雑誌にそう記載されていたそうです。

一概に言うことはできませんが、その服の寿命を決めるのは、①クオリティの高さ、②着用頻度、③メンテナンスの3つのポイントで、それら次第です。デザイン性の高いものは別として、ベーシックな服なら平均したら5年、なかには普通に10年くらい持つものもあります。

実際に、私のクローゼットには10年ぐらい愛用しているものが並んでいます。

まず、ひとつ目のポイントとなる「クオリティの高さ」とは、どんなものでしょうか?

店頭にある服はどれをとってもきれいな縫製ですので、違いは「仕立て方」と「服地」

になります。良いものは多少お値段が張るかもしれませんが、服としての寿命は長く、愛着を持って身にまとうことができます。

お手頃な服を2着購入するよりも、丁寧な仕立てと上質な服地で、確かなクオリティと感じる服を1着購入したほうが、確実にあなたの品格を上げてくれます。それに経済的でもあります。

これはスーツに限らず、コートやワンピースなど服全体に言えることです。

2つ目のポイントは「着用頻度」です。

1日着用したら、3日休ませるローテーションが理想と言われています。

1日中着用して疲れている服を、回復を待たずにまた翌日着用するのと、休ませるのとでは、服の「持ち」が違ってきます。

クリーニングもシーズンに1回が理想と言われています。人により着方や汚れ具合に差があるので、正解はないと思いますが、クリーニングに出し過ぎると服の寿命を縮めますので、気を付けてください。

かつて、週に1回、洗濯をする感覚でクリーニングに出しているお客様がいらっしゃいました。このお話をしたら「道理で服の持ちが悪かった。これからはお金も浮いてラッキーね」と話していたのを覚えています。

そして3つ目のポイントは「メンテナンス」です。

しっかりしたハンガーを使用するだけでも、服の寿命が全然違ってきます。クリーニング屋さんから戻ってきたハンガーのままクローゼットで服を保管していると、型崩れがおきやすいのでぜひ掛け替えてください。

トップスなら、特にジャケットは、肩の部分がしっかりしたハンガーを使用しましょう。いつもきれいな形の状態で服を着用できます。スカートはスカートハンガーに、パンツはパンツ用のハンガーにかけてください。パンツを折りたたむ人がいますが、折りジワができてしまうので、あまりおすすめできません。

1日着たらすぐにしまわず空気にさらす

そして、1日着用したら、すぐにクローゼットに服を戻すのではなく、ハンガーに掛けてしばらく置いておきましょう。空気にさらす感じとでも言いましょうか。その間に湿気や臭いが抜けていきます。その手間を省いて、すぐにクローゼットに戻してしまうと、湿気が抜けないままましまうことになるので、傷みや劣化の原因になりかねません。ゆえに寿命が短くなります。

ブラシをかけることもおすすめします。ニットなどにブラシはかけられませんが、ウールのスーツやコートなどには、ぜひかけてみてください。特に、脇の下や首の後ろなど汗が溜まりやすい所は忘れずに。襟のあるものは、襟を立てて裏側もブラシをかけてください。

ブラシをかける目的は汚れや臭いを取り除くことですが、何といってもウールの毛並みが揃い、じつにきれいで上質な服地に戻ります。服用のブラシは、様々な種類があるので、使ってみて、自分の使い勝手の良いものを選ぶといいでしょう。

一度ブラシを使うようになると、その効果に使わずにはいられなくなるものです。

このように丁寧にメンテナンスを施した服は、確実に良い状態を長く維持できます。そして何より、きちんと手入れされた服はあなたをきちんとした人に見せてくれます。

クローゼットは3年かけて育てる

「先立つものがないので、イメージを変えたくても変えられないんです」

これ、よく聞くコメントです。


でも、ちょっと考えてみてください。

ガラッと一気にイメージチェンジして、周囲を驚かせたいなら別ですが、緩やかな変化でも良いのではないでしょうか。じっくりと自分が変わる様子を楽しみながら、気づいたら理想の姿になっていた、なんて、それこそ理想的ですね。

「それでもやっぱりお金はかかりますよね？」と不安げな表情の人もいます。


きっと、ファッション雑誌などに取り上げられている着回しコーディネートの特集や、新シーズンの新しい服の特集の影響を受けているのでしょう。

これらは一例にすぎませんので、ぜひ惑わされないようにしてほしいものです。トレンドのスタイルやカラーなどを見るには参考になりますが、お勧めの業種によって必ずしも当てはまるとは限りません。

1年間の買い物を振り返る

ここで、ぜひやってみてほしいことがあります。この1年に購入した服、バッグ、靴、アクセサリーなどを書き出し、その購入金額を計算してみるのです。おそらく、自分が思っている以上に買い物をしているはずです。

次に、購入したアイテムをすべて部屋に出して並べてください。それらは現在もフル稼働していますか?

フル稼働というのは、1週間に1回以上は出番があることだと想定してください。

もしかしたら、失敗だったかな、と思うアイテムもあるのではないでしょうか。5点購入したけれど、多少高くても本当に納得できるもの3点にしておいたほうが満足度は高かったんじゃないかな、なんて……。

私がここでお伝えしたいのは、1シーズンにひとつずつ良いものを揃えていったらいかがでしょうか、ということです。

お客様にもこのようにお伝えすると、ホッとした表情になる方が多いです。1シーズンにひとつずつ、3年かけて良いものを揃えていくと、あら不思議。3年後には、いつも良いものを身に着けているあなたがいます。

3年と聞くと長そうですが、じつはあっという間です。え、もう3年？ という感覚でしょう。

そのためには、まずはあなたが理想としている姿をイメージしてください。

その時に着用している服、バッグ、靴はどんなものでしょうか。

それらを3年かけて揃えていけばいいのです。軸がぶれないので、一貫性のあるものが揃っていくはずです。

「あったら便利かも」とか、「無難だから買っておく」といった無駄なお金をぜひここに集中させてください。無理することなく、自然に揃っていくはずです。

3年間の買い物計画

では、具体的にどうすればいいのでしょうか?

１４０頁のイラストを見てください。

例えば、1年目は、春夏シーズンに1着。秋冬シーズンに1着。それぞれ、自分が本当に良いと納得したものを揃えます。

クオリティの良さはもちろんですが、それを着用すると自分のグレード感が上がり、セルフイメージが上がるかどうかで判断してください。

スーツの人もいれば、ワンピースの人もいるでしょう。活躍度合いを考えると、登場回数の多いアイテムが良いと思います。

2年目。春夏にもう1着、例えば1年目に春物を購入していたら夏物を、逆に夏物を購入していたら春物を購入します。秋冬になったら、また同じです。揃っていないシーズンの品を購入します。

これで、最高の服が4着揃ったことになります。

そして3年目。春夏と秋冬にもう1着ずつ揃えます。先に購入した服とは違った雰囲気のものがおすすめです。これで、春夏と秋冬バージョンの服が合計で6着です。

3年目にして、イメージも変化に富んだ最高の6着が揃います。

この考え方、靴やバッグ、アクセサリーでも同じようにしてください。シーズンに1足ずつ、または1個ずつ、上質なものを揃えていくのです。カラーや素材を変えてみてもいいですし、バッグなどは大きさを変えて揃えてもいいですね。

無理はせず、お財布と相談しながらで大丈夫です。年に2着が難しいなら、1着でも、1個でもいいのです。でも、絶対に妥協した買い物はしないでくださいね。

もちろん1年目、2年目は、それだけでは通常のワードローブが回らないので、既存の物やファストファッションなどをうまく取り入れてバランスを取ってみましょう。

どうですか？　あなたもできそうでしょう？

3年プランを立てて、楽しみながら揃えてみてください。大金を一度に使う必要はないのです。ひとつの理想像に向けて揃えていけるので、3年経つ頃には、どれをコーディネートに合わせてもしっくりいくようになっています。

鏡の前で、ああでもない、こうでもないと一人ファッションショーをしなくて済むようになります。

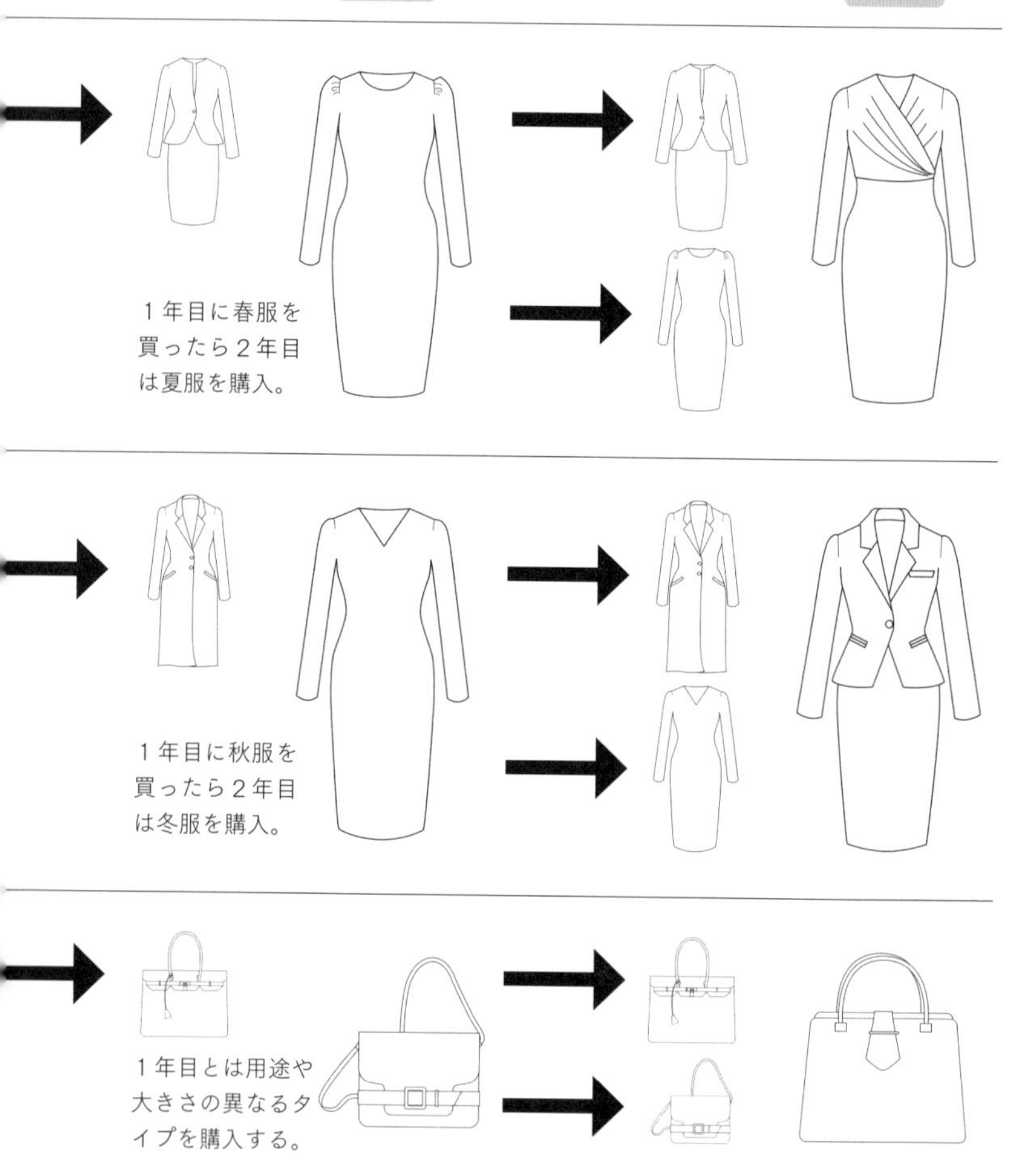
2年目
3年目
1年目に春服を
買ったら2年目
は夏服を購入。
1年目に秋服を
買ったら2年目
は冬服を購入。
1年目とは用途や
大きさの異なるタ
イプを購入する。

クローゼットの育て方の例

1年目

（春夏）S／S	春服 夏服	
（秋冬）A／W	秋服 冬服	
バッグ		

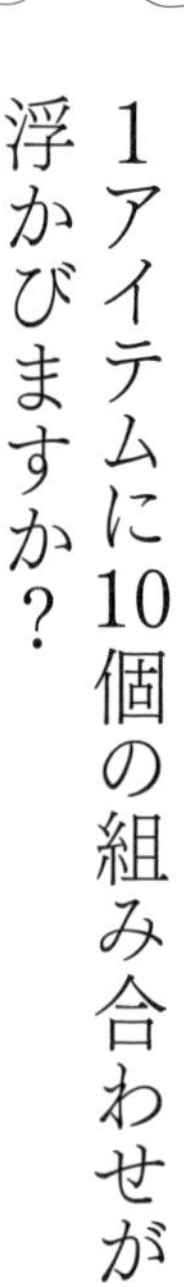

1アイテムに10個の組み合わせが浮かびますか？

「朝、クローゼットを覗いても、すぐに服が決まらないのは何が原因でしょうか？」

こんな質問を受けることもしょっちゅうです。うまく決まらないと、心が沈む一日になってしまいます。そうならないためにも、前夜に翌日のスケジュールを考えながら服を選んでいただきたいのです。

そうすると、会う人や打ち合わせの内容を考えながら選ぶことになるので、確実に翌日のコミュニケーションがスムーズになります。そこには、相手に対する気遣いが込められているからです。

そもそも、朝、服が決まらない原因として、購入する時に組み合わせをあまり考えていないことが考えられます。

そんなこと言っても夜なんて疲れきっていて決められないと言うあなた、朝はギリギリまで寝ていたいあなたに、とっておきの方法があります。

前もって、「コーディネートしやすいグループ」を作っておくのです。

「結局、作る時間が必要なんじゃない?」と不満げな返答がきそうですね。確かにそうですが、一度作れば、毎朝の苦労はなくなります。一度作ったら、それを維持していくだけなのです。

どうですか。少しは気が楽になりませんか?

平均10アイテムで十分

「グループ」を作るためには、あなたの手持ちの服の枚数が関係してきます。

「絶対的な服の適正な数ってあるのですか?」これもよく聞かれる質問ですが、答えはノーです。着回ししやすい目安はありますが、ライフスタイルは人によってまちまちですので、絶対的なものはありません。

でも、「組み合わせのしやすさ」で事前にグルーピングしておくと、毎朝が信じられないほど楽になります。あまり考えなくても組み合わせできるものを、靴やバッグまで含めて8~12アイテム、平均10アイテムくらいを揃えてグルーピングしておくだけで、ストレスなく、毎朝を過ごせるようになるのです。

コアアイテムから決めていく

では、具体的にグルーピングする方法を説明します。まず、コアなアイテム（中心となる服）をひとつ決めます。これは、出番が多いアイテムを持ってきます。例えば、ジャケットの着用がマストな人はジャケットをコアアイテムに。いつもワンピースを着ている人はワンピースがよいでしょう。

次に、決めたコアアイテムに合わせるものを2つ3つ決めます。ジャケットをコアアイテムにした人は、次はスカートかパンツになるかもしれません。ワンピースをコアアイテムにした人は、次に合わせるものはカーディガンだったり、ジャケットだったりするでしょう。

それが決まったら、次は合わせるインナーや靴、バッグ、スカーフなどを決めていきます。出来上がったものが着回しできるワードローブグループです。「クラスター」とか「カプセル」なんて呼ぶ方もいらっしゃいます。

グループの中に違和感があるものが入ると、コーディネートが決まらなくなって、本当に後が大変ですが、一度決まれば、そこで自然とコーディネートが完結します。まさに「魔法のグループ」です。

このグループ、仕事用、スポーツクラブ用、デート用などに、10アイテムくらいずつ作っておくと鬼に金棒です。

おすすめは、一度作ったらそれを写真に収めておくこと。そうすると、例えばインナーなど、どのグループにも登場するものも出てくるでしょう。あっちこっちに紛れても、写真を見るとすぐにわかるので、迷子になることがありません。

時間を作って、ぜひトライしてください。すると、いかに自分の手持ちのアイテムが偏っているかがわかります。また、同じような形や色が集まってしまっていたり、足りないアイテムがあったりが目に見えてわかるので、次は何を揃えたらいいのかが明確になります。

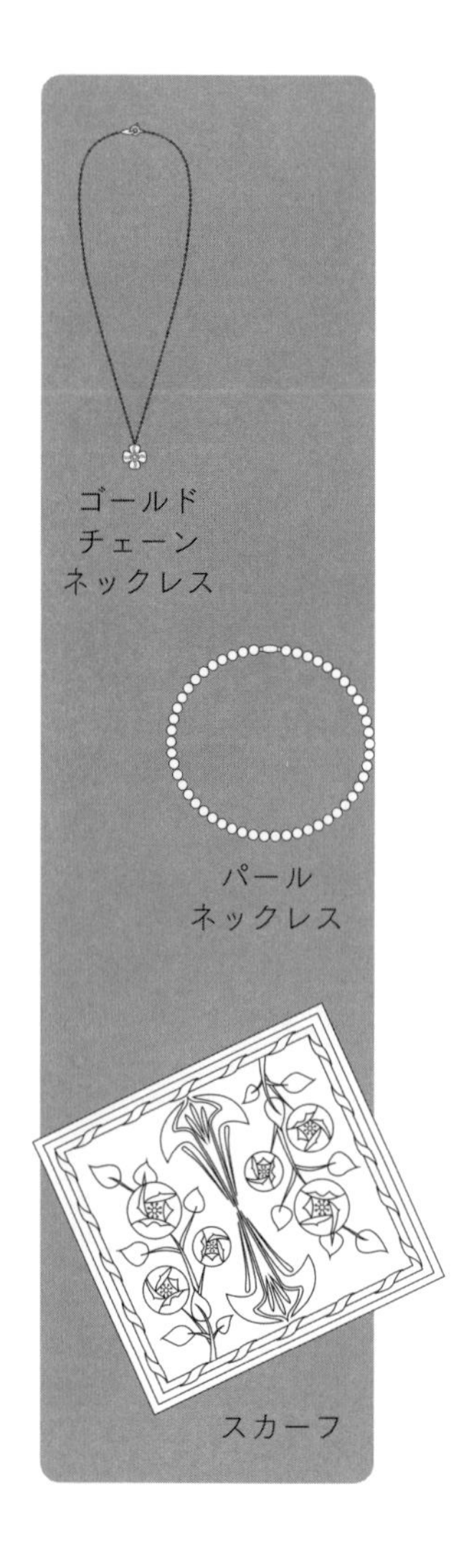
ゴールド
チェーン
ネックレス
パール
ネックレス
スカーフ

ローヒール
パンプス
ハイヒール
パンプス
バッグ

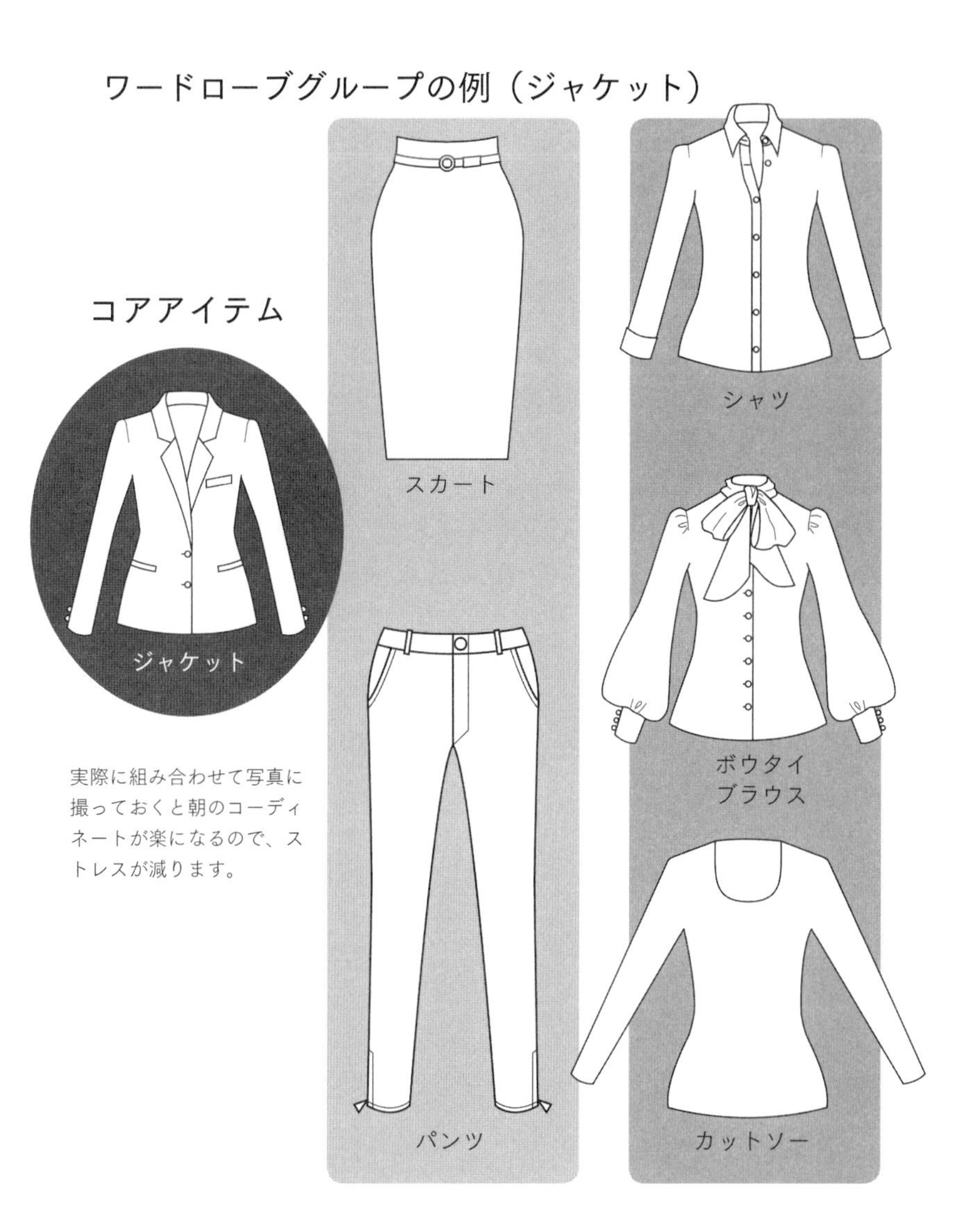
ワードローブグループの例（ジャケット）
コアアイテム
ジャケット
スカート
パンツ
シャツ
ボウタイ
ブラウス
カットソー
実際に組み合わせて写真に撮っておくと朝のコーディネートが楽になるので、ストレスが減ります。

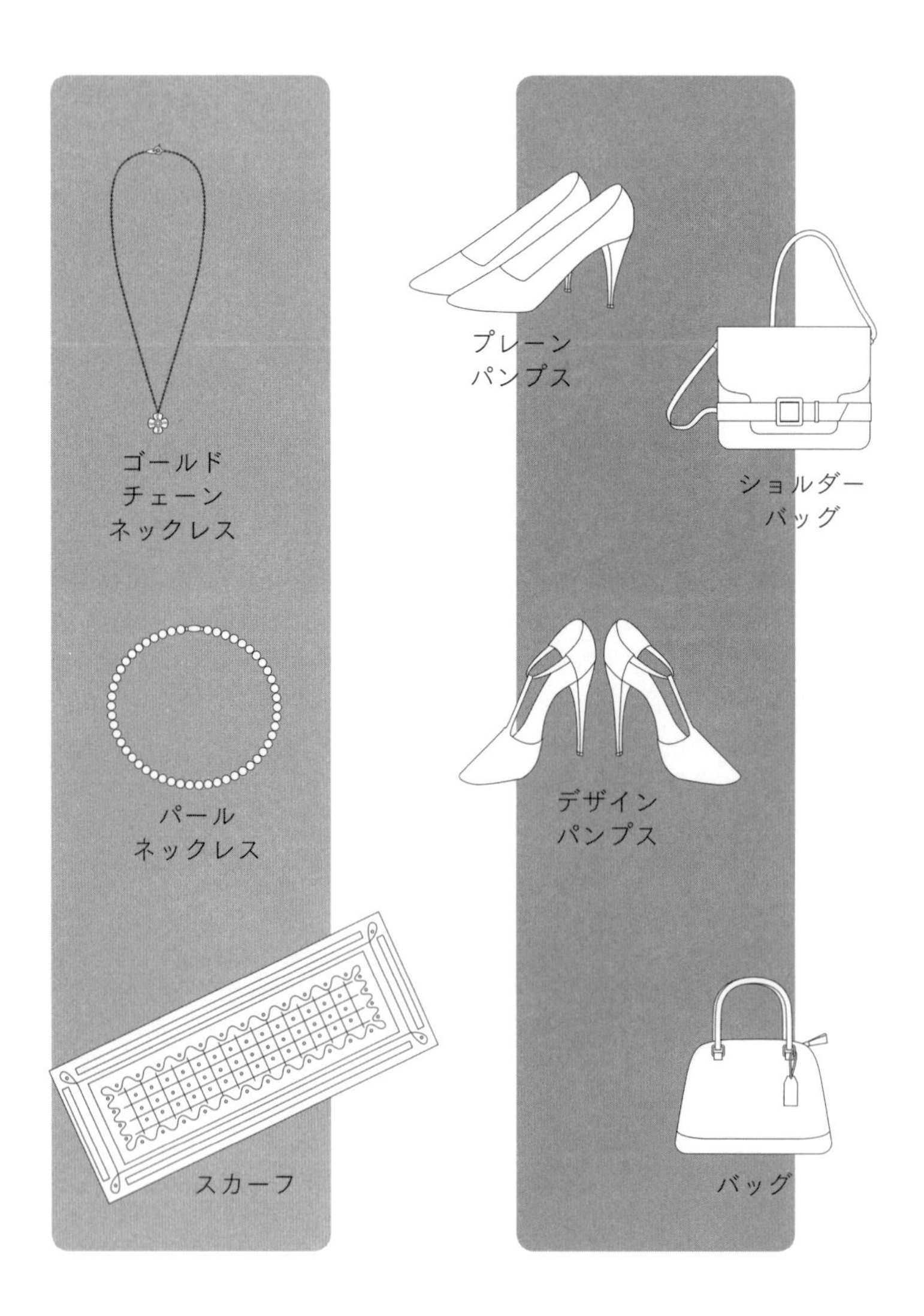
ゴールド
チェーン
ネックレス
パール
ネックレス
スカーフ
プレーン
パンプス
ショルダー
バッグ
デザイン
パンプス
バッグ

ワードローブグループの例（ワンピース）

コアアイテム

ワンピース

実際に組み合わせて写真に撮っておくと、不足しているアイテムがすぐにわかりますし、衝動買いも減るはずです。

衝動買いがなくなる魔法の質問

「買った時はとても気に入っていたのに、結局数回で着なくなってしまうのは、なぜなのでしょう？」

この質問、この本書を手にしてくださっている皆さん全員の心の中にあるのではないでしょうか。

もちろん、私にもありました。

女性は買い物する時、男性と比べると、盛り上がってワクワクしながら購入することが多いようです。

店頭に立っていた頃、そんなお客様の姿を見るのが何よりも嬉しかったものです。

お客様が帰宅後に、ワクワクしながら包みを開けて鏡の前で当ててみる姿が、目に浮かぶようでした。しばらくして、そのお客様が再来店された時に、私もワクワクしなが

らその後の様子を尋ねてみました。すると、

「大活躍してます！　ホント、買ってよかったです」

というお客様と
「それがねー、あれっきりであんまり着てないんですよ」

と浮かない顔でお答えくださるお客様に分かれます。

なぜなのでしょう。

どちらもその時には気に入って購入されたことに変わりはないはずなのに、です。

あなたも、服だけでなく、靴やバッグでも同じ経験があるのではないでしょうか？

着ているシーンがどれだけ浮かぶか

購入後に、あまり着なくなってしまったというケース。

理由としては、衝動買いに近かったからかもしれません。後悔しないためにも、購入する前に２つの質問を自分にしてみることをおすすめします。

ひとつは、

「これを着るシーンが複数回想像できるか？」

出番が多いと、先ほどの費用対効果の話ではないですが、安心して買えます。少し高かったとしても、着る頻度が多いなら、十分に「元が取れる」からです。

そしてこの質問は、あなたの理想の姿に当てはまる服のひとつなのかどうか、ということも関係してきます。出番が多く、自分らしい服でしたら、それこそ買ってよかった！と思える一着になりますから。

コーディネートが浮かぶか

もうひとつは、

「この服とコーディネートできるアイテムが2つ以上思い浮かぶか？」

購入した服を手持ちのアイテムと組み合わせることで、まったく違ったコーディネートを複数回楽しめたら、言うことないですよね。

先ほどお伝えしたワードローブグループを思い出してください。あのグループの中に入るようなら、購入後は間違いなく活躍が約束されます。コーディネートができない、あるいはその数が少ないとしたら、あまりおすすめしません。

でも、どうすれば「正しい決断」ができるのでしょうか。

例えば、店頭を歩いていたら素敵なワンピースが目に飛び込んできました。一目ぼれです。どうしましょう！　さあ、自問自答です。

「複数回、着るシーンがあるかしら?」「来月の同窓会に着られるわ。それだけでなくて、少しフォーマルなシーンには活躍しそう」「コーディネートできるアイテムはあるかしら?」「えっと……、先月購入したカーディガンと色目が合うかも。誕生日プレゼントにいただいた大ぶりのネックレスも引き立ちそう」

でも、本当にそうですか？　同窓会の後に、フォーマルな会の予定はありません。フォーマルな服にカーディガンは合いません。となると、冷静に考えれば、この購入は「N

O」が正解です。

こう考えていくと、「欲しい！」と「必要！」の判断がつきやすくなるのではないでしょうか。

そして、この自問自答をしてからの購入を繰り返していくと、無駄なエネルギーやお金の浪費がなくなっていきます。その浮いた時間やお金を、あなたのやりたいことに注げるようになります。

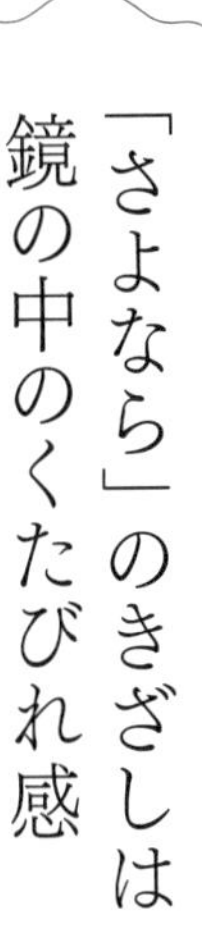

「さよなら」のきざしは鏡の中のくたびれ感

「服の捨て時っていつですか?」

時々聞かれます。まだ着ようと思えば着られるし。高かったし。そう思って取っておいてある服、捨てられない服、たくさんあるかと思います。

先日、お客様から画像が数枚が送られてきました。カジュアルなデートで着ていく服を、その写真のなかから選んでほしいとのこと。どれを選んでも今回はOKではないかと写真を見ていたのですが、そのうちの一枚に目が釘付けになりました。

「ん? なんだこれ?」

そう、それは毛玉のついたカシミアのセーターでした。デザインも素敵なオレンジ色なので、気に入って何度も着用していたのでしょう。でも、本人は見慣れてしまっているせいか、毛玉に気づいていないのです。私の指摘で彼女も気づいた次第でした。「そうか、このセーターも疲れちゃったのですね」そう話していました。

「さよなら」のきざしをどこで見分けるのでしょうか?

私の場合は「くたびれ感」を感じた時とお伝えしています。

ほつれや破け以前に、着用した自分を鏡に映した時に、生地本来のパリッと感やふんわり感がなくなっていたり、襟の感じが何となくきれいでなくなったりしてきたら、お別れするタイミングだと思っています。

例えば、何度もクリーニングを繰り返してきたジャケットの襟など、襟の芯地のノリが表地に響いてしまっているケースを時々見かけます。もともとはパリッとした張り感のある襟だったことでしょうに、いつの間にか疲れた襟になってしまっています。自分では気づかないのでしょうが、他人はそれを見た時に、何となくその人から、「疲れ」を感じるのです。

そうなると、それを身に着けている人の清潔感の印象までも左右してしまうのです。

各アイテムの別れ時

では、他のアイテムはどうでしょうか。

シャツやカットソーなどのインナーなど、トップスで着るものはすべて、襟の部分と袖口の部分に出やすいものです。ナヨナヨしてしまった襟、擦り切れ始めた袖口には気をつけましょう。

ニット類は、毛玉が目立ってきたら別れ時です。

パンツやスカートなどのボトムは、長く着るとお尻の部分がテカってしまいます。特にパンツはクリーニングを繰り返してパンツ丈が短くなっていることもあるので気をつけます。

バッグや靴などはメンテンスをしっかりすれば、相当持つと思いますが、メンテナンスでもカバーしきれなくなった汚れや擦り切れが目立つようになったら、さよならかもしれません。

いつも疲れた印象の女性がいました。営業職なので、スーツが仕事着です。きっと忙しいのだろうと思って見ていたのですが、ある日、初めてオーダーしたというパリッとしたシャツブラウスを着て登場されました。

すると、あら不思議。いつもの疲れた印象はまったくなく、逆に活動的で信頼できる印象になっているではないですか。いままでの疲れた印象の原因は、シワいっぱいで古い印象を与えるシャツブラウスが原因だったことが判明しました。恐ろしいですね。

その日、彼女は、会う人会う人に褒められたそうです。嫌でも他人からの印象の違いを実感した彼女は、その後、ブラウスやシャツブラウスをすべて新調したのは言うまでもありません。そして、契約数が伸びたそうです！

「くたびれ感」は他人のほうが早く気づくもの

何度も着過ぎて型崩れを起こしてしまったジャケット、着過ぎて膝が出たままのパンツ、お尻のカタチが残ったままのスカート。本人は気づかないかもしれませんが、他人は無意識に、そこに目が行ってしまうものです。

古いから悪いというものではありません。むしろ、そのくらい大切に着てもらったことは、その服にとっては幸せでしょう。ただ、もう「十分」な時期にきているということなのです。

そして、服はもちろんですが、毎日、手にしているバッグや靴もそうです。見慣れているせいで、それが「普通」と思ってしまいがちですが、自分が思っていることと他人からの評価は違います。ぜひとも客観的な視点で見るように心掛けてみましょう。

靴の底のすり減り具合、バッグの持ち手の汚れ具合、皮部分の光沢の失われ方を、悲しいかな、他人はしっかり見ています。「くたびれ感」が出ないようにしっかり手入れしましょう。

この「くたびれ感」、残念ですが、他人は自分より早く気づきます。自分が気づいた時は最終宣告と心得てください。

くたびれ感を感じさせては、せっかくのあなたの印象が台無しです。台無しどころか、下げる結果になることもあります。

特に歳を重ねた女性は、若い人に比べて印象を大きく左右してしまいがちなので、こまめなチェックを心掛けましょう。

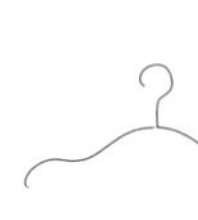

手放す前に「メンテナンス」を入れる

私は、メンテナンスには2つのタイプがあると思っています。

ひとつは、購入してからの日々のメンテナンス。

もうひとつは、リフォームやリメイクなどを施すことによって服をリフレッシュして楽しむメンテナンスです。


日々のメンテナンスは、ぜひ歯を磨くように日常生活に浸透させてほしいものです。

具体的にどんなことをするのでしょうか?

・1日着用した後は、一晩空気にさらして湿気を抜く
・ブラシをかける
・シミやほつれがないか確認する

・クローゼットにしまう時は、型崩れしないようきれいな状態でしまう

たったこれだけのことですが、毎日続けることで、服の「持ち」は格段に変わってきます。

おしゃれな方と、こんな会話を交わしたことはありませんか。

「素敵な服ですね？　どちらで購入されました？」

「いえ、これずっと昔に買ったものなんですよ」

とか

「母が着ていたものなんですよ」

などです。

そしてそんな時、服のメンテナンスの良さを感じると同時に、その方の、ものに丁寧に向き合う姿勢を感じたはずです。ものを大切にする素敵な人だな、と思ったはずです。

そして、こんなに服を大切にするのなら、人も大切にするんだろうな。おしゃれに暮らしているんだろうな、とも感じます。それがさらに進むと、この方にはおろそかな対

応はできないな……、と思ってしまうのです。

バッグや靴、アクセサリーも同じです。丁寧に扱われているバッグ、いつもきれいに磨かれている靴、手入れが行き届いたアクセサリー。どれもこれもあなたの第一印象のグレードを大きく上げてくれます。

「手放す」に移る前に、ぜひ「メンテナンス」を意識してみてください。あなたという人間を、隅々まで手入れが行き届いた、たたずまいの整った人に見せてくれます。

「捨てる」の言葉は使わない

では、くたびれ感が出てしまった服を、あなたは最後にどうしていますか?

もし、まだ着用可能なら、似合う方に譲ったり、リサイクルに出したりするでしょうか。擦れてしまったり破けてしまったりと、着用できない状態の時は、ためらわず捨ててしまうのでしょうか。

私はこんな時、「捨てる」とか「廃棄」などと言わずに、「手放す」という言い方をしています。

この服を着たいと思い、お金を払って購入したのです。雨の日も風の日も、私と一緒にいてくれたのです。シミを付けてしまったことはあるけれど、愛着のある服たちです。そんな服たちにさよならを告げる時は、私にとっては「手放す」時なのです。自分の一部でしたから、同士、いや相棒のようなものが役割を終えるという感覚なのです。

そんな時代の流れも受けて、良いものを長く着用する。

大切に手入れをして、愛着を持って服を着る。

こんな着方は、巡り巡ってあなたが人から大切にされるための、大切な要素にもなります。

悩まずに「さよなら」する方法

お客様から「身に着けなくなった服やアクセサリー、バッグなどはどうしたらよいでしょうか。なんだか捨てるには忍びなくて……」というご相談もよく受けます。

愛着を持って身に着けていたものですから、手放すこと自体に罪悪感を感じてしまうようです。逆にそう感じるということは、大切に使っていた証拠ですから、服たちも本望でしょう。


今ではたくさんの行き先があるので、それぞれ自分に合った方法を選択するとよいでしょう。

「リウェア」とも呼ばれている、別の人が着用してくれる方法がまずひとつ。そのなかでも、行き先が見える手放し方として、欲しい人、もっとお似合いになる人に譲る方法があります。相手のお顔が見えているので、安心でしょう。

もうひとつは、「メルカリ」のようにフリマアプリに出店したり、「ヤフオク！」のようにオークションサイトに出品したりとネットを使った方法もあります。

また、最近はユニクロやＨ＆Ｍのように、ファストファッションの店舗に持っていくと、「リウェア」はもちろんのこと、他の製品に加工してくれる「リユース」や、原料に戻し再生される「リサイクル」などに回してくれる店もあります。

今、全世界で推進されているサスティナビリティー（持続可能性）の考え方に合っているのかもしれません。

一方、昔からあるやり方として、古着屋で売ってもらう方法もありますし、発展途上国支援をしている団体などに寄付する方法もあります。

いずれの方法も、罪悪感を感じることなく、手放すことができるのではないでしょうか。どこかの地で、様々な形となって喜んでくれる人がいると思うと嬉しいものです。

コラム

リスクマネジメントはロッカーで

皆さんは、突然のお誘いにどう対応していますか？

「○○さんが、都合悪くなったんだ。代わりに食事会に参加してくれないかな」

「○○さんが今からお客様のお宅に伺うのだけれど、君も一緒に行ってくれないかな」

このような突然のお誘い、結構ありますよね。

「えーっ、今からですか」と答えながら、頭の中はどうしようとパニックです。まずい。そんなこと聞いてないから、今日はこんなスタイルで来ちゃった……。

そんな時に、必要になるのが普段からの備え、「リスクマネジメント」です。

「リスクマネジメント」と聞くと大げさな印象ですが、難しくはありません。こういった想定外の場合に、きちんと対応できる準備をしておくことです。

あなたが突然の伝線に備えて、ストッキングの替えを常にバッグに入れているなら、それは立派なリスクマネジメントです。

同じように、時々ある急なお誘いを想定して、事前に準備しておくことをおすすめします。もし、社内にロッカーがある場合は、大いに利用してください。

私は、自身のオフィスに、ヒールが高めのエレガントなパンプスや、大ぶりなアクセサリー、スカーフ、クラッチバッグなどを常に用意しています。突然のお誘い時に、これさえ持っていれば何とかなる、という最低限の小物たちです。

ポイントは服ではないことです。小物も個性的なデザインだとその日の服に合わせにくくなりますので、なるべく合わせやすいデザインのアイテムをおすすめします。

時々、ロッカーに「置きジャケ」を入れています、という女性に出会います。でも私は、これはリスクマネジメントでもなんでもなく、単なるものぐさでしかないと思っています。何が違うのでしょうか。

本当に相手のことを考え、場や自身の表現を考えたら、きちんとコーディネートされた服を着て出て行くはずですし、そうしないと気持ちは伝わらないと思うのです。

ロッカーやバッグに用意しておくものは、くれぐれも手抜き用ではなく、あくまでもリスクマネジメントとして用意してみてください。

心の余裕が、きっと立ち居ふるまいとなってあなたを素敵に見せてくれますよ。

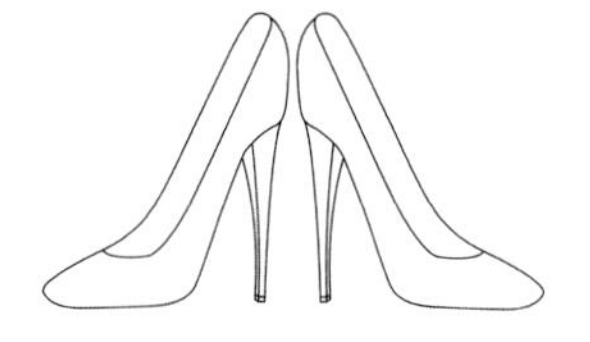

第5章

ふるまいは、あなたそのもの

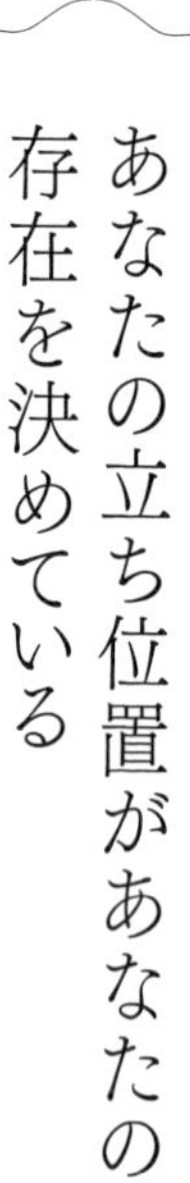

あなたの立ち位置があなたの存在を決めている

常々思うのですが、人から大切にされる人は男性女性にかかわらず、空間や雰囲気を大切にしている印象があります。気配りがゆき届いているとも言い換えられるかもしれません。

自分自身だけではなく、自分を取り巻く空間も含めて総合的に捉えているのではないかと感じています。

店頭で接客していた時、離れた場所から商品を持って来る時や離れたレジで会計しなければならない時に、お客様を待たせることが多々ありました。

その待ち方はじつに様々で、他のお客様に配慮して、なるべく端に寄って待つ方もいれば、何やってんの、遅いじゃない、と言わんばかりに仁王立ちになっていたり、イライラ顔でカウンターに荷物をドンと置いて周囲にもイライラが伝わってしまうようなお客様も……。

前者のお客様の場合は、お待たせしてしまったお詫びを申し上げながらもホッとした気持ちになり、その後の会話もにこやかに弾むのですが、後者だと、さらに怒られるのではないかと一気に空気が張り詰めます。

そして、お客様のご機嫌をうかがうようになってしまい、楽しい会話には発展しづらくなることがありました。

不思議なもので、周りに配慮する位置に立たれる方の周りには良い雰囲気が醸し出されます。一方、そうでない方の場合だと、そこに和やかな空気はまずありません。

あなたの存在は「快」か「不快」か

ただ、この立ち位置というのは、自分自身では気づかずに作ってしまうことがほとんどです。わざとやる人はいないはずです。もちろん、他人から注意されることはないでしょう。だからこそ、普段から自分で気をつけていたら、その人のイメージが大きく変わると思うのです。

この何気ない立ち位置が、あなたの存在をその瞬間に「快」または「不快」にするのです。

「快」の存在であれば、気配りのできる方ね、一緒に仕事しても楽しくできそう、と、周囲から大切にされることはおわかりだと思います。

今のあなたは主役か脇役か

イメージコンサルティングをする時に、「主役」「脇役」という言葉を使ってアドバイスすることがあります。ご自身が、今、または今日、どちらの立場なのかで、装いはもちろんですが立ち位置やふるまいを変える必要があることをお伝えしています。

会合やパーティーの最後によくある記念写真撮影を思い出してみてください。

主役の方は、当然、真ん中に座ります。でも、主役でもないのになぜかいつも前のほうや真ん中あたりにいないと気が済まない方、時々いらっしゃいませんか。主役の方を「差し置いて」いなければいいのですが、まさってしまうようなふるまいは、やはりいけません。大人ではありません。

周囲からは、恐ろしいかな、「またたね。あの人はそういう人だから」と思われていて、誰も注意しなかったりします。

私の知人で、営業成績を抜群に上げている方がいます。

しかしながら、一見したところバリバリ仕事ができる印象ではありません。不思議に思ってご本人に聞いたことがありました。「秘訣は何?」と。

本人もしばらく考えた後「座る位置かな?」とつぶやきました。聞けば、可能な限り、真正面で正対して座らないように心掛けているというのです。少し、椅子の位置をずらすとか、斜めの位置に座るとか、違和感のない範囲で、気を遣って座るそうです。

一般的に、真正面というのはお互い緊張してしまう関係とも言われています。この方は、座る位置を工夫することで、常にお客様に圧迫感を与えないようにしているのだそうです。

お客様には常に心のシャッターを上げておいてほしいという、無言の心配りです。

立ち位置や座る位置には、その方の「心のあり方」が正直に出てしまうのです。

そして、コミュニケーションが上手だと感じる方ほど、他人に圧迫感を与えない位置をうまく取り、空間を上手に使っているようです。

大切にされる人というのは、自分でも相手を大切にするために「空間や雰囲気」に心を砕いています。

あなたを含む周囲の空気感、これもひとつの大きなあなたの表現なのです。

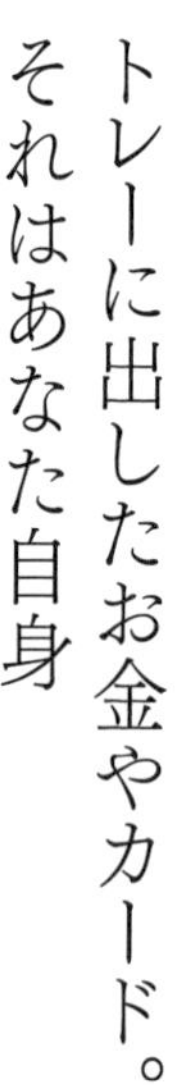

トレーに出したお金やカード。それはあなた自身

トレーに出すお金やカードの出し方を意識したことはありますか。

ほとんどの方はないでしょう。なぜなら人と比べることがありませんから。

小さな四角いトレーの上でのことですが、面白いことに、10人いれば10通りの出し方があるのです。もちろん、そこで支払われる金額の多寡は関係ありません。

店頭に立っていた頃、カードやお札の向きを、スタッフに向けて置いてくださる方、お札の向きを全部揃えてから出す方、なかには千円札5枚なら、5枚を少しずつずらして私たちが数えやすいように置いてくださる方もいらっしゃいました。

一方で、お札をクシャッとしたまま出したり、お札やカードをポイッと投げ入れるように出される方も……。

あなたはどうでしょうか？

トレーの上にお金を出す行為は、ほとんどの方が意識していないので、言い換えれば、普段の何気ない態度、仕草がそのまま出てしまうとも言えます。良いも悪いもないのですが、丁寧にお金やカードを置く方からは、美しい所作が伝わってくるので、こちらも自然と丁寧な対応になってしまいます。

そんな人は、バッグの中もきれいに整頓されていることが多いようです。

もちろん、わざわざお客様のバッグの中を覗き込むことは一切ないのですが、バッグの中からお財布を出される際に、その内側が見えてしまうことがたまにあります。あまりに美しく整頓されていると「わあ、きれい！」と思ってその方を見てしまったりします。何事に対してもきちんとした人、そんな印象が焼き付きます。

こんな経験ありませんか？

お釣りやお祝いのお金が、全部ピン札だったということ。

同じお金だとわかってはいても、ピン札というだけでとても嬉しい気持ちになります。

そして、自分を丁寧に扱ってもらっている感覚を味わえます。

そして、そこから、そのお店や相手のもてなしの気持ちを感じるとともに、そのお店や人に対する評価がグッと上がってしまいませんか。

海外での失敗に学んだ心遣い

その昔、海外で、現地の友人が前もってレストランでディナーを予約してくれていたことがありました。もちろん、その席には現地の友人らも参加します。

まとめて支払い済みということでしたので、出席者が各々、その友人に代金を渡すことになっていました。私は、家にあった無地の茶封筒にお金を入れて用意していたのですが、その場になってびっくり！

なんと皆さん、和風や、とてもエレガントな封筒に入れて友人に手渡しているではないですか！　友人は大喜びです。私はこのまま消えてなくなりたい、いえ、封筒を買いに走り出したい気持ちでいっぱいでした。穴があったら入りたいというのは、まさにこんなケースのことを言うのだと、恥ずかしさいっぱいのなかで妙に実感したのを覚えています。

お金はとりあえず封筒に入れておけばいいというものではない。これは、相手に対する気持ちの表れであり自己表現なのだと気づかされたのです。

そのおかげか、以来、お金をお渡しする際は、何かひと工夫をするようになりました。

ある時、友人の昇格祝いのパーティーでのこと。私はいつもの習慣で、「おめでとうございます」とメッセージを書いた封筒に会費を入れて受付に出したところ、いたく感激されました。

海外での「イタい」経験の賜物です。

普通に生活していても、様々な形でお金の受け渡しがあります。

それらひとつひとつは単なるお金の受け渡しにすぎませんが、あなたを語らずして伝える大きな行為なのかもしれません。

何かを雑に扱えば、雑な人である印象を与えてしまいます。

丁寧に扱えば、丁寧な人だという印象を与えます。

あなたは、周りの方々にどんな印象を与えたいでしょうか。

3m先、15m先から見えるもの

どんな人かを判断するには、会ってお話ししてから、と思っていませんか？

確かにそうかもしれません。会わなければわからないことはたくさんありますから。

でも、人は、それ以前に無意識に「相手がどんな人か」を感じ取っているのです。

会って挨拶をするよりも前に、相手の「姿が見えた瞬間」に、人は無意識に相手の印象を感じ取っています。


例えば、15m離れていても、その方のシルエットはわかります。ということは「姿勢」が見て取れるということです。猫背なのか、姿勢が良い人なのか。はたまた、動いていれば、大股でゆっくり歩く人なのか、せっかちに歩く人なのか。

そういう仕草は、15m離れていてもわかるのです。すごいですね。シルエットだけで、何となくその人となりが浮き彫りになってくるのです。

その人が持つ「自信」も、じつはこの「姿勢」から感じ取られていたりします。

ちょっと想像してみてください。

どんなに自慢話をしていても、猫背で姿勢が悪かったら、全然自信があるようには見えません。逆に、無言でも堂々とした姿勢でいると、それだけで確かな自信を周りの人は感じるはずです。

姿勢は全体の印象を決めてしまいますので、遠目からのシルエットはなおざりにできないのです。

３ｍまで近づくと見える「表情」

そして、15ｍから３ｍへと近づくと見えてくるのが「表情」です。

言葉を交わしていなくても、表情はしっかり見て取れます。笑顔なのか、疲れた表情なのか、離れていても見えてしまいます。

販売スタッフは、じつはここに非常に気を遣っています。接客を仕事としている方は皆さん同じではないでしょうか。

自分たちは通路やショップの外から見られているのは当たり前、レジ待ちをしているお客様から見られているのも当たり前。いつ何時、どこからお客様に見られているかわかりません。ですから、どんな状況の時にも常に穏やかな好印象を与え続けなければいけない。常に緊張感を保たないと続かないので、結構大変なのです。

「ほら、姿勢悪くなってるよ」なんて互いに声を掛け合っていたものです。ふと見上げた鏡に映る自分の表情が仏頂面だと、「いけない、いけない」と、口角を上げてみたりしたものです。

感じの良い販売員が動き回っているショップと、なんだかだらだらとして締まりのなさを感じる店員がいるショップ。遠く離れていても雰囲気は伝わりますから、気が抜けません。実際、入店客数がまったく違ってくるのですから。

人は対面する前の「経緯」を見ている

「先日、吉村さんを駅の反対側のホームで見ましたよ」なんて言われるとドキッとします。思わず仕事柄「どうでしたか?」なんて聞いてしまいます。

「どなたかとご一緒だったようで楽しそうでしたよ」なんて言われるとほっとしたりし

ます。

一方、「先日、遠目にお見受けしましたが、とても忙しそうな様子に見えたので、声を掛けるのをやめました」なんて言われることも。「あ～、すみませんでした」と思わず頭を下げてしまいます。声を掛けづらい雰囲気を出していたことを、申し訳なかったなあと思うのです

世間でよく言われる、「挨拶する時にきちんとすれば良い」とか「話をする時にちゃんとすれば良い」ではないのです。

他人は「そこまでの経緯」をしっかり見てしまっていますので、挨拶や話をする場面は、それまでの印象の「確認」に過ぎなかったりします。

ぜひ、他人の目に入った瞬間からあなたの印象が感じとられていることを覚えておいてください。そして、これをうまく味方につけて行動すると、あなたの印象や評価はきっとぐっと上がります。

試着後の服の戻し方に品格が表れる

「ごめんなさいね、ちょっとサイズが合わなかったみたい」

そう言って、試着室から出ていらしたお客様が、試着した服を戻してくださいます。

「いえいえ、大丈夫です」

と言いながら、ご試着された服を元に戻そうと広げてみたら口紅が付いていて、ぎょっとする。ところが、お客様を探したらもういない。こんなことが時々ありました。

当然、急いでクリーニングに出すことになるのですが。販売員一同、「がっかり」するのです。

いったい、何にがっかりしたのでしょうか?

ひとつは、「なぜ、試着室に備え付けのフェイスカバーを使ってくださらなかったのかしら……」、もうひとつは、「試着した服を戻す時にどうして伝えてくださらなかったのかしら……」です。

でも、なかには正直にお伝えくださる方もいらっしゃいます。

「ごめんなさい。ここにファンデーションが付いてしまいました」

と、ファンデーションが付いた部分を見せながら返却してくださるのです。

その、心のこもった言葉、正直な態度に、ファンデーションが付いてしまったことにはがっかりしているものの、こちらも怒る気になりません。

その態度から、その方の普段の人となりを感じ取ることができるからです。

「汗が引いたら試着をするわ」

ある時、こんなお客様がいらっしゃいました。

気に入った服が見つかったとおっしゃるので、いつものように試着室にご案内しようとすると、「ちょっと待って」とおっしゃるのです。そのわけをお聞きすると、

「今、汗をかいているので、このまま試着したらお洋服が大変。汗が引いてから試着するので、ちょっとここに座らせてね」とおっしゃるではないですか。

見た目には汗をかいているようには見えないのですが、ご本人にとってはこのまま試

着したら失礼だと思ったのでしょう。

こんな気遣いをしてくださるお客様には、どうしたって丁寧に対応してしまいます。

第1章でもお伝えしたように、お店のスタッフにとっては、購入金額が多いとか少ないとかはまったく関係ないのです。人間同士の気持ちの通い方、気持ちの良さがベースなのかもしれません。

試着室がきれいな人・汚い人

スタッフは、使ったあとの試着室に忘れ物がないか、必ず点検します。

この時に、まるで使っていないかのように元の状態に戻して出てきてくださるお客様と、試着した服は置き去り、ハンガーもフックに掛けるでもなくばらばらと下に置いたままのお客様と2通りいらっしゃいます。

後者はさすがに少ないのですが、こちらも非常にがっかりさせられてしまいます。

後の人への気遣いがまったく感じられないので、普段もこんな感じで生活しているのだろうかと、逆にその方の普段の生活が心配になってしまいます。

お子様と一緒に試着室に入られるお客様もいらっしゃいます。お子様が女の子だったりすると、本当に楽しそうな様子が試着室の外からでもうかがえます。

なかには、出ていらした時に「ごめんなさい、子供が鏡にべたべた触るので、鏡が汚れてしまいました」なんて申し訳なさそうに伝えてくださるお母様もいらっしゃいます。その横でお子様も一緒に頭を下げています。黙っていればわからないものを、きちんと伝えてくださる姿勢に、お人柄が感じられたりします。

「試着をして、出てくる」という本当に些細な時間であり行動なのですが、そこには、その方の人となりがにじみ出てしまいます。特に、丁寧で正直な人には、品格のようなものを感じます。

こんな方は、どこにいても同じようにさりげなく周囲に「品格」を感じさせているのでしょう。そういう空間には、良い空気が流れますので、コミュニケーションもスムーズになります。きっと周囲からも大切にされることでしょう。


たかが試着、されど試着。

あなたも品格を意識してみてはいかがでしょうか。

表情は「見た目」の仕上げ

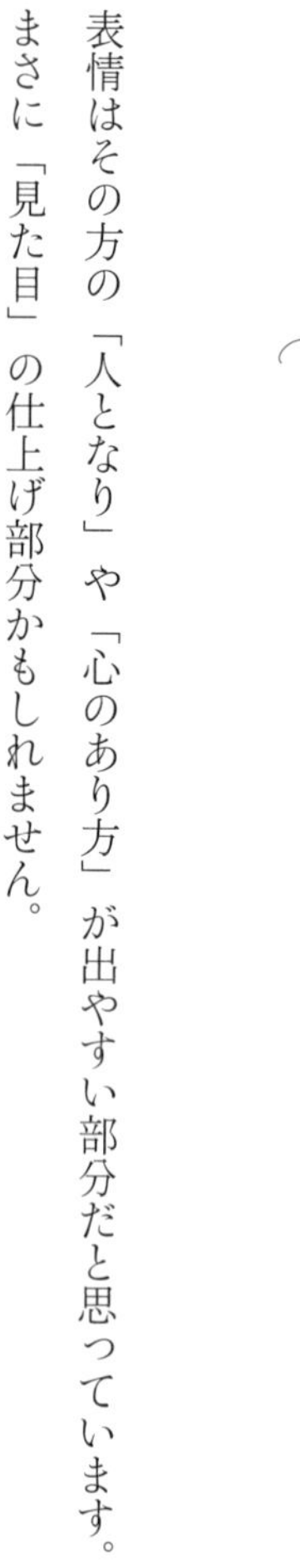

表情はその方の「人となり」や「心のあり方」が出やすい部分だと思っています。まさに「見た目」の仕上げ部分かもしれません。

そのなかでも「アイコンタクト」と「スマイル」は表情を左右する要素です。

私のもとには、「目指す自分に近づくための印象管理のアドバイス」を求めてくる方が多数いらっしゃいます。

コンサルティングでは、最初にじっくりお話に耳を傾けて、そこでお客様が抱えている課題を伺います。すると、「アイコンタクトが難しい、なかなかできない」と悩みを口にする方が思いのほか多いのです。

そんな時、口下手な人ほどアイコンタクトに気を配ってほしいとアドバイスしています。口下手な分を、伝達手段であるアイコンタクトで補うのです。「自分は人見知りだから……」と理由をつけてアイコンタクトを取ろうとしない方も見かけますが、それでは相手に気持ちは伝わりません。逆に、「この人、私の話をちゃんと聞いてくれなかった」という印象を持たれてしまいます。

でも、アイコンタクトは難しいし恥ずかしい……。そんな方に、ぜひ紹介したい話があります。

アイコンタクトをしっかり取ることで、リピーターが増えたというカウンセラーのお客様がいるのです。

その理由をお聞きすると、「しっかり私の話を聞いてくれたから」とお客様に言われたそうです。今までもしっかり聞いていたそうですが、アイコンタクトを意識したことで、相手にさらに真摯な気持ちが伝わったのでしょう。

笑顔は最高のパフォーマンス

あるデータによると会話中に6割以上アイコンタクトを取ると、相手は「私の話を聞いてくれた」と思うそうです。

「あなたにまた会いたい」という方がどんどん増えてくることでしょう。

そしてもうひとつは、「スマイル」、つまり、笑顔です。

先日訪れたオフィスで、ドアを開けた瞬間に目の前に満面の笑顔の男性が立っていました。私は、ちょっと話を聞いたら失礼しよう、という軽い考えで伺ったのですが、一瞬にしてこの方の笑顔オーラの中に入ってしまいました。

話をしている間も始終笑顔です。こちらは心のシャッターを完全に上げられてしまった状態です。相手に対する警戒心も不安も、一瞬で吹っ飛んでしまいました。

私は、「この笑顔の威力は何なんだ。真似したい！」と打ち合わせしながらずっと考えていました。

笑顔とは、自他共に幸せになる最高のパフォーマンスかもしれません。

店頭にいる頃も、表情には気をつけていました。

無表情の販売員には、お客様も話し掛けてきません。販売員同士の「笑顔消えてるよ。気をつけて」、「ほら、口角上げて」なんていう声掛けは日常茶飯事でした。お客様とコミュニケーションを取る大事な要素になりますから。

でも、自分の表情は、鏡を見ない限り自分では見られません。ということは、自分の表情は自分のものというよりは、目の前にいる相手のためのもの。

そう考えると、「お話しはちゃんと伺っています。どうぞお話しください」という気持ちが表情に出やすくなりました。

改めて、笑顔の力って何でしょうか？

自分自身はもちろん、他人も笑顔にしてしまう力。

ポジティブな気持ちにしてしまう力。

親近感を感じさせてしまう力。

私などは、無意識でも「常に笑顔」がクセになって、クレームのお客様に笑顔を向けて、「笑っている場合ではありません」と叱られたり、免許更新の写真撮りの際に、「笑顔は素敵ですが、口は閉じてください」と言われてしまったりと、これはこれで、笑顔の使い分けができていなくて冷や汗をかくこともあるのですが……。

コラム

プロフィール写真に投資をしなさい

今は「自分を売る時代」と言われています。

インスタグラムやフェイスブック、ブログなどのたくさんのＳＮＳツールを使って、何億人という人が世界中に「自分」を発信しています。少し前までは巨大なメディアの力がなければ、「発信」することはできませんでした。でも、今では無名の人が世界中にいくらでも自分を発信できる時代なのです。

それは、見ている人に、与える印象を自由自在にコントロールできるということでもありますが、その半面、発信次第では「誤解される」という怖さも持っています。それはプライベートの世界だけではなく、ビジネスの世界でも同じです。

こんなお客様がいらっしゃいました。

建築家として素晴らしい仕事をされている女性なのですが、新規の仕事の伸びがいまひとつなのです。どなたかの紹介だったり、一度でも顔を合わせた場合はスムーズに契約までいくのですが……。

ホームページを拝見すると、その理由のひとつがわかりました。

そうです。問題はプロフィール写真にありました。無造作なヘアスタイル、襟が伸び切ったニット。そして背景はオフィスなのですが、扉やぐちゃぐちゃの本棚が写っていました。失礼ながらこの写真からは、センスの良い建築は想像できませんでした。

そこで私は、打ち合わせでどういうイメージを伝えたいかをしっかりと確認し、服をご提案し、スタジオでプロのカメラマンにお願いして写真を撮りました。

建築家ですから、信頼感は大切です。そして施主は大きなお金を投じるのですから、自分の希望を伝えやすいだろうか、自分の考えた以上に素晴らしい設計をしてくれるだろうかと不安を抱えています。だからこそ、親しみやすさも必要です。

結果は大成功。ホームページを見ましたというお客様が飛躍的に増え、事業を拡大されたのです。

どんなファッションか気になりますよね。

建築家ですから、クライアントが一番欲しい「感性の良さ」と「信頼感」をキーにしました。想像力をかき立てるパープルの、パリッとしたシャツをお召しになることで、個性を際立たせました。

服をお召しになった後、カメラの前に立つ表情がみるみる自信に満ちあふれたものに変化していったのが目に焼き付いています。

このような撮影のコンサルティングの依頼は、近年増えています。

就職活動中の方から経営者、お見合い写真まで、じつに幅広い方々の撮影をアテンドしています。自分が欲しい、なりたいイメージを伝えるために、何を着たらいいのか、どんな表情やポーズなら自分が伝わるのか、さらには写真を選ぶところまでを、カメラマンを交えてアドバイスしています。大切なプロフィール写真を撮るために、様々な視点からアドバイスし、目的や夢が叶うようにサポートしています。

その一連のサポートは、単なる撮影アテンドというよりは、もしかしたら「イメージメーキング」や「イメージブランディング」と言ったほうが正しいかもしれません。

皆さん、本当に真剣です。なぜなら、写真の重要性をわかっているからです。

「自信に満ちあふれた」「明朗活発な」「慈愛に満ちて優しい」「信頼できる」このようなイメージを与えてくれる魅力的な写真なら、写真だけが独り歩きしても、十分にその効果を発揮してくれます。

何となく今の自分の姿のままカメラの前に立つと、今の自分の姿しか映りません。そうではなく、将来の自分の理想の姿を想像しながらカメラの前に立つと、イメージゴールの姿の自分がそこにいます。不思議ですね。ゴールの先取りと言えるかもしれません。

プロフィール写真を撮るということは、服に投資するのと同様に、大事な投資なのです。

あなたも、プロフィール写真を自分を表現するひとつの大きな武器として利用してみてはいかがでしょうか。

おわりに

見た目の印象が、あなたの印象を決めてしまうという事実。

この本書をお読みいただいた皆様にご理解いただけたら幸いです。

この事実を自分の生活の中にうまく取り入れている方と、知らずに無頓着でいる方とでは、その後の人生が違ってくるというケースもたくさん見てきました。

人から大切にされ、夢を実現している方ほど、見た目の印象を大切にしています。


執筆をしながら、以前、コンサルティングしたお客様からこんなことを言われたのを思い出しました。

「思いを正しく伝えるための、効果的な伝え方なんですね」と。

この、思いを伝えて人生をハッピーに導く方法を、多くの方に伝えたいという思いからこの本書が生まれました。


伝えたい人に思いが伝わることで、人は伸びやかな気持ちになるようです。

そして、自信と希望を充電し、次の夢に向き合っていく……。

私自身も何度も経験しています。社会人になりたての頃、うまく言葉で伝えられない口下手な私にとっては、外見で理解してもらうことが最適な方法でした。

第三者の視点を取り入れて行動し、「印象管理」の理論を実践すると、言葉以上に外見があなたの思いを後押ししてくれます。いえ、言葉で伝える前に、メッセージとしていち早く「あなた」を相手に伝えることができるのです。

そして、コミュニケーションでも、ストレスフリーな状態を作ってくれます。

表現することの楽しさ、自分を伝えることの楽しさを知ったことが、今の私の仕事のあり方につながっているかもしれません。

自分の人生が楽しいものとなり、関わる方々までも幸せにしてしまうイメージコンサルタントという仕事を、私は天職だと思って日々活動しています。

この揺るぎない気持ちを出版という形で実現し、編集に携わってくださった株式会社STAR CREATIONSの伊集院尚子さん。そして、私の言葉を吸い上げ唯一無二の本にしてくださった毎日新聞出版株式会社の久保田章子さん。また、執筆にあたり私のヒアリングに快くご協力くださった株式会社三越伊勢丹の山本章代さん、久保知規さん、富田素世さん、栗原由紀さんに心より御礼を申し上げます。

皆様の多大なご協力のおかげで、本書は出来上がりました。

一人でも多くの方にこの本がお役に立ち、周りから大切にされ、思いを実現していくきっかけとなりましたら幸いです。

これからも、皆様の人生がスパークしていく一助となりますよう活動して参ります。

ありがとうございました。

2018年3月

国際イメージコンサルタント　吉村ひかる

●著者紹介

吉村ひかる（よしむら　ひかる）

株式会社BEST GRADE代表取締役。国際イメージコンサルタント。

服への思いが強く、東京女子大学と文化服装学院をダブルスクールで卒業後、（株）三越（現：三越伊勢丹ホールディングス）に入社。19年間の在職中の接客数は10万人以上に及ぶ。2010年、国際イメージコンサルタントの資格を米国で取得して独立。好感度・説得力・存在感を自在にコントロールするイメージコンサルティングを受けた顧客（政財界、士業、コンサルタント、営業職など）のほぼ100%が売り上げをアップさせた伝説を持つ。国際レベルのイメージコンサルタントを育成すべく養成アカデミーにも情熱を注ぎ、顧客から高評価を得るイメージコンサルタントを次々に輩出もしている。

AICI国際イメージコンサルタント協会認定 国際イメージコンサルタント（Certified Image Professional） 日本支部ボードメンバー、文部科学省認定　一般社団法人パフォーマンス教育協会公認エグゼクティブ・パフォーマンス・インストラクター、文部科学省後援　色彩検定1級取得。

■株式会社BEST GRADE
http://www.imageup.jp/

参考文献

・『自分をどう表現するか』佐藤綾子著／講談社現代新書／1995年
・『お客様の心をつかむ真実の瞬間―驚異の売上げを達成する10の秘訣』マイケル・ルボーフ著、弓場隆訳／ダイヤモンド社／2003年
・『Style Source』Alyce Persons／2008

女は服装が9割

なぜか大切にされる人のルール

印　刷　2018年3月15日

発　行　2018年3月30日

著　者　吉村ひかる

発行人　黒川昭良

発行所　毎日新聞出版

〒102-0074
東京都千代田区九段南1-6-17　千代田会館5階
営業本部　03（6265）6941
図書第二編集部　03（6265）6746

印　刷　精文堂

製　本　大口製本

ISBN978-4-620-32511-8